OUVIR CONTAR

Textos em História Oral

Verena Alberti

Ouvir Contar

Textos em História Oral

ISBN — 85-225-0477-6

Copyright © 2004 Verena Alberti

Direitos desta edição reservados à
EDITORA FGV
Rua Jornalista Orlando Dantas, 37
22231-010 — Rio de Janeiro, RJ — Brasil
Tels.: 0800-021-7777 — 21-3799-4427
Fax: 21-3799-4430
e-mail: editora@fgv.br — pedidoseditora@fgv.br
web site: www.fgv.br/editora

Impresso no Brasil / *Printed in Brazil*

Todos os direitos reservados. A reprodução não autorizada desta publicação, no todo ou em parte, constitui violação do copyright (Lei nº 9.610/98).

Os conceitos emitidos neste livro são de inteira responsabilidade da autora.

1ª edição — 2004; 1ª reimpressão — 2007; 2ª reimpressão — 2010; 3ª reimpressão — 2013; 4ª reimpressão — 2017; 5ª reimpressão — 2019; 6ª reimpressão — 2022.

EDITORAÇÃO ELETRÔNICA: FA Editoração

REVISÃO: Aleidis de Beltran e Fatima Caroni

CAPA: Leonardo Carvalho, a partir de "Criada com cântaro de leite" (1658-60), óleo sobre tela de Jan Vermeer (1632-75).

Ficha catalográfica elaborada pela Biblioteca
Mario Henrique Simonsen/FGV

Alberti, Verena
    Ouvir contar: textos em história oral / Verena Alberti. — Rio de Janeiro : Editora FGV, 2004.
    196p.

    Inclui bibliografia.

    1. História oral. I. Fundação Getulio Vargas. II. Título.

CDD — 907.2

Para Thomaz e Guilherme, que sabem que a memória também é feita de ouvir contar.
E para o Pedro, que veio ajudar a contar novas histórias.

Sumário

Introdução   9

1. O lugar da história oral: o fascínio do vivido e as possibilidades de pesquisa   13

2. O que documenta a fonte oral: a ação da memória   33

3. História oral e terapia: o exemplo alemão   45

4. História oral e literatura: questões de fronteira   61

5. Além das versões: possibilidades da narrativa em entrevistas de história oral   77

6. Dramas da vida: direito e narrativa na entrevista de Evandro Lins e Silva   91

7. "Ideias" e "fatos" na entrevista de Afonso Arinos de Melo Franco   113

8. Um drama em gente: trajetórias e projetos de Pessoa e seus heterônimos   149

Introdução

Ingressei no Programa de História Oral do Centro de Pesquisa e Documentação de História Contemporânea do Brasil (CPDOC) da Fundação Getulio Vargas em 1985. Desde então, tive oportunidade de apresentar trabalhos em encontros, congressos e seminários e de ministrar cursos de curta duração sobre história oral, condensando minhas reflexões sobre o assunto. Resolvi juntar o que estava esparso. Os textos que se seguem são em parte inéditos e em parte versões revistas de trabalhos já apresentados.

Ainda que se trate de uma coletânea de artigos, o livro como um todo pretende transmitir determinadas ideias. A principal delas é uma espécie de "retorno ao fato". Ouve-se com frequência que a história é "construção" – não como sinônimo de "tentativa de entendimento", de "síntese", mas como sinônimo de "não vinculada à realidade": tudo é possível, pois tudo são versões e "construções" do passado. Esse tipo de afirmativa é especialmente recorrente na história oral, terreno das diferentes versões e da subjetividade por excelência. Muitos não percebem, contudo, que a história oral tem o grande mérito de permitir que os fenômenos subjetivos se tornem inteligíveis – isto é, que se reconheça, neles, um estatuto tão concreto e capaz de incidir sobre a realidade quanto qualquer outro fato. Representações são tão reais quanto meios de transporte ou técnicas agrícolas, por exemplo. Quando um entrevistado nos deixa entrever determinadas representações características de sua geração, de sua formação, de sua comunidade etc., elas devem ser tomadas como fatos, e não como "construções" desprovidas de relação com a realidade. É claro que a análise desses fatos não é simples, devendo-se levar em conta a relação de entrevista, as intenções do entrevistado e as opiniões de outras fontes (inclusive entrevistas). Antes de tudo, é preciso saber "ouvir contar": apurar o ouvido e reconhecer esses fatos, que muitas vezes podem passar despercebidos.

A afirmativa "história é construção" (repito: não no sentido de elaboração e síntese, mas no de não vinculada à realidade) muitas vezes leva a outra, igualmente equivocada: "história é ficção". Como tudo é possível e não há obrigação de referencialidade ao passado, vale a "ficção" que mais mobilizar o ouvinte. Ainda mais tratando-se das formas de expressão genuínas que encontramos nas entrevistas. Confundir a entrevista de história oral com obra de ficção é fechar os olhos àquilo que a entrevista efetivamente documenta. E se afirmo que ela não é ficção, isso não quer dizer que eu negue sua força narrativa, que pode ser imensa.

No fundo, o que gostaria de transmitir com a ideia de "retorno ao fato" é: tentemos aperfeiçoar nossas análises para a descoberta de acontecimentos (em sentido amplo) capazes de gerar mudanças, para a descoberta daquilo que engendra novos sentidos (sempre referenciados à realidade), ao invés de repetirmos, tautologicamente, aquilo que já é sabido, sentidos que já foram dados. Digo "tentemos" porque reconheço que isso é muito difícil num meio tão hermenêutico como a história oral. Mas imagino que podemos avançar um pouco naquela direção prestando mais atenção aos "acontecimentos" e às "ações" da entrevista, ao trabalho da linguagem em constituir realidades e ao trabalho de enquadramento da memória.

Tudo isso está tratado nos capítulos deste livro. No primeiro, tento desvendar o fascínio que a história oral exerce hoje em dia, ganhando cada vez mais adeptos, e arrolo algumas possibilidades de pesquisa. Como convém ter sempre claro de onde estamos falando quando adotamos determinada metodologia de pesquisa, procuro mostrar que o sucesso da história oral resulta em grande parte de sua vinculação a dois paradigmas da modernidade: o modo de pensar hermenêutico e a ideia do indivíduo como valor. O segundo capítulo trata das ações de que a entrevista é documento, em especial as do entrevistado e do entrevistador e as da memória. Memória é vista aqui como fato, como algo que pode incidir sobre a realidade e causar mudanças. O terceiro capítulo discute duas noções fortemente recorrentes no campo da história oral, a de história democrática e a de elaboração terapêutica do passado, tendo como pano de fundo a produção alemã na área. No capítulo 4, enfrento a confusão muitas vezes estabelecida entre história oral e ficção literária, tentando deixar claras as diferenças de domínio, a fim de que possamos tirar maior proveito de cada campo específico. No caso da história oral, tento mostrar que a força narrativa das entrevistas (o que não é o mesmo que dizer que elas são literatura) pode ser um bom fio condutor para sua abordagem (esse seria o sentido estrito de "ouvir *contar*"). O assunto continua no capítulo 5, no qual, com auxílio do instrumental teórico da teoria da literatura, procuro descobrir em que momentos a entrevista de história oral nos leva para além do conhecimento de mais uma versão do passado e nos permite aprender algo sobre a realidade. Tais aspectos são explorados de diferentes maneiras na análise da entrevista de Evandro Lins e Silva, objeto do capítulo 6. Nele, ajusto o foco para as unidades narrativas que se repetem na entrevista e que resultam de um trabalho da linguagem em comunicar todo um saber e toda uma experiência, específicas ao campo do direito. O capítulo seguinte é outra análise de entrevista, a de Afonso Arinos de Melo Franco, em que trato das diferenças e semelhanças entre livros de memórias e depoimentos de história oral e relaciono aquilo de que a entrevista é documento com certos modos de pensar e agir de segmentos das elites políticas e intelectuais brasileiras. O capítulo 8 é o único em que não falo explicitamente de história oral, mas seu objeto tem relação estreita com a ideia do indivíduo e o uso da história de vida nas ciências humanas. Pode-se tomá-lo como desdobramento de parte do capítulo 1, pois nele discuto o caso de Fernando Pessoa e seus heterônimos, como exemplo claro da impossível unidade do eu nas sociedades contemporâneas.

Algumas instituições foram direta ou indiretamente responsáveis por este livro. Em primeiro lugar, é claro, o CPDOC, onde venho desempenhando minhas atividades profissionais e onde aprendi um bocado sobre o que é fazer história oral. As associações Brasileira e Internacional de História

Oral (ABHO e IOHA), de cujas diretorias venho participando, por ampliarem enormemente o debate entre pesquisadores e instituições da área. As instituições promotoras dos eventos e cursos (cada uma mencionada em nota, no início dos capítulos), que me obrigaram a sistematizar e a tornar inteligíveis minhas reflexões em torno da história oral. E a Coordenação de Aperfeiçoamento de Pessoal de Nível Superior (Capes), o Conselho Nacional de Desenvolvimento Científico e Tecnológico (CNPq) e a Fundação Carlos Chagas Filho de Amparo à Pesquisa do Estado do Rio de Janeiro (Faperj), que me concederam apoio financeiro para a participação nos eventos acadêmicos fora do país. A Capes e o CNPq ainda me concederam as bolsas de mestrado em antropologia social e doutorado em teoria da literatura, respectivamente, cursos fundamentais para minha formação e que me permitiram traçar relações entre a história oral e temas como o papel central do indivíduo, a hermenêutica e os fundamentos da narrativa, entre outros.

O lugar da história oral: o fascínio do vivido e as possibilidades de pesquisa*

Comecemos com uma imagem certamente familiar a muitas pessoas: se quiséssemos fazer um filme reproduzindo passo a passo nossa vida, tal qual ela foi, sem deixar de lado os detalhes, gastaríamos ainda uma vida inteira para assisti-lo: repetir-se-iam, na tela, os anos, os dias, as horas de nossa vida. Ou seja, é impossível assistir ao que se passou, seguindo a continuidade do vivido, dos eventos e das emoções. E o que vale para nossas vidas vale evidentemente para o passado de uma forma geral: é impossível reproduzi-lo em todos os seus meandros e acontecimentos os mais banais, tal qual realmente aconteceu. A história, como toda

---

* Este capítulo reúne questões que venho discutindo há algum tempo. O fascínio do vivido, inclusive a imagem do filme de nossa vida, já foi objeto do texto "História oral: uma reflexão crítica", apresentado no painel "Pesquisa, Memória e Documentação", no VI Encontro Estadual de História da ANPUH – Núcleo Regional de Minas Gerais, realizado na Universidade Federal de Minas Gerais, em Belo Horizonte, em julho de 1988. A relação entre história oral e o paradigma hermenêutico encontra-se resumida em "A vocação totalizante da história oral e o exemplo da formação do acervo de entrevistas do CPDOC", texto apresentado no X Congresso Internacional de História Oral, realizado no Rio de Janeiro, de 14 a 18 de junho de 1998. O papel do indivíduo no trabalho com a história oral, também tratado neste último texto, vem me ocupando há muito tempo. A questão foi objeto da palestra "Indivíduo e biografia na história oral", proferida na mesa-redonda "O documento em história da psicologia: o oral e o textual", durante o III Encontro Clio-Psyché "Historiografia, psicologia e subjetividades", realizado pelo Núcleo Clio--Psyché do Departamento de Psicologia Social e Institucional da Universidade do Estado do Rio

atividade de pensamento, opera por descontinuidades: selecionamos acontecimentos, conjunturas e modos de viver, para conhecer e explicar o que se passou.

Uma entrevista de história oral não é exceção nesse conjunto. Mas há nela uma vivacidade, um tom especial, característico de documentos pessoais. É da experiência de um sujeito que se trata; sua narrativa acaba colorindo o passado com um valor que nos é caro: aquele que faz do homem um indivíduo único e singular em nossa história, um sujeito que efetivamente viveu – e, por isso dá vida a – as conjunturas e estruturas que de outro modo parecem tão distantes. E, ouvindo-o falar, temos a sensação de ouvir a história sendo contada em um contínuo, temos a sensação de que as descontinuidades são abolidas e recheadas com ingredientes pessoais: emoções, reações, observações, idiossincrasias, relatos pitorescos. Que interessante reconhecer que, em meio a conjunturas, em meio a estruturas, há pessoas que se movimentam, que opinam, que reagem, que vivem, enfim! É como se pudéssemos obedecer a nosso impulso de refazer aquele filme, de reviver o passado, através da experiência de nosso interlocutor. E sua presença nos torna mais próximos do passado, como se pudéssemos restabelecer a continuidade com aquilo que já não volta mais. Se ouço de um entrevistado um relato de seu cotidiano vivido há

---

de Janeiro, de 27 a 29 de setembro de 2000. Também tratei do assunto na conferência "História oral e biografia", proferida no Congresso de História Oral, Fronteiras, Migrações e Culturas, realizado de 9 a 12 de julho de 2002, na cidade de Goiás, pelas universidades Federal e Estadual de Goiás. As possibilidades de pesquisa com história oral, arroladas aqui em nove itens, foram em parte desenvolvidas no texto "História oral na Alemanha: semelhanças e dessemelhanças na constituição de um mesmo campo", apresentado no Grupo de Trabalho *História e Memória*, no XX Encontro Anual da Associação Nacional de Pós-Graduação e Pesquisa em Ciências Sociais (ANPOCS), realizado de 22 a 26 de outubro de 1996, em Caxambu (MG). Posteriormente, foram apresentadas aos alunos do seminário "Arquivos e tradições orais", patrocinado pela Divisão de Informação e de Informática da Unesco, no âmbito do projeto "Reforço das estruturas arquivísticas nos países lusófonos de África", ministrado por mim no Arquivo Histórico Nacional da República de Cabo Verde, na cidade de Praia, de 18 a 21 de novembro de 1996, e aos alunos do curso "Fontes da história: produção e organização de documentos", ministrado pelo CPDOC na Fundação Getulio Vargas de outubro a dezembro de 1996. Finalmente, uma versão resumida deste capítulo foi apresentada na mesa-redonda "História oral: questões teórico-metodológicas", no IV Encontro de História Oral do Nordeste "Espaço, Memória e Narrativa", realizado na Universidade Federal de Campina Grande, Paraíba, de 23 a 26 de setembro de 2003.

60 anos em minha cidade, acabo me identificando com ele, e, eu mesma, caminhando pelas ruas em meio a bondes e senhores de chapéus. Esse fascínio do vivido é sem dúvida em grande parte responsável pelo sucesso que a história oral tem alcançado nos últimos anos – sucesso que pode ser atestado pelo número crescente de pesquisadores, professores e estudiosos "fascinados" pela metodologia, que frequentam os congressos e seminários de história oral em todo o mundo e no Brasil especialmente.

É importante contudo saber que o que atrai, na história oral, não lhe é exclusivo e muito menos "novo" no mundo de hoje. Neste capítulo procuro situar a história oral em relação a alguns paradigmas que podem explicar o fascínio que ela exerce. Isso ajuda a estabelecer uma visão crítica do método e a identificar suas potencialidades em casos em que ela pode valer a pena.

A natureza do fascínio

Em muitos casos, a entrevista de história oral nos acena com a chance, ou ilusão, de suspendermos, um pouco que seja, a impossibilidade de assistir a um filme contínuo do passado. Quando isso acontece é porque nela encontramos a "vivacidade" do passado, a possibilidade de revivê-lo pela experiência do entrevistado. Não é à toa que a isso muitos dão o nome de história (ou memória) "viva".

Mas concordamos todos que a impossibilidade de restabelecer o vivido é coisa dada. Não existe filme sem cortes, edições, mudanças de cenário. Como em um filme, a entrevista nos revela pedaços do passado, encadeados em um sentido no momento em que são contados e em que perguntamos a respeito. Através desses pedaços temos a sensação de que o passado está presente. A memória, já se disse, é a presença do passado.[1]

Em texto anterior, identifiquei essa combinação entre, de um lado, a ilusão de restabelecimento do vivido e, de outro, o trabalho da memória em dar sentido ao passado como peculiaridade da história oral:

---

[1] Rousso, 1996, p. 94.

Mas acreditamos que a principal característica do documento de história oral não consiste no ineditismo de alguma informação, nem tampouco no preenchimento de lacunas de que se ressentem os arquivos de documentos escritos ou iconográficos, por exemplo. Sua peculiaridade – e a da história oral como um todo – decorre de toda uma *postura* com relação à história e às configurações socioculturais, que privilegia *a recuperação do vivido conforme concebido por quem viveu*.[2]

Ao combinar "vivido" e "concebido" tinha então em mente duas formas de apreensão do real que, segundo alguns autores, são centrais em nossa relação com o mundo. "Concebemos" o mundo sempre de modo descontínuo, agrupando e relacionando conceitos, justapondo contradições e procurando resolvê-las em sínteses. É o que o antropólogo Claude Lévi-Strauss chama de eixo "metafórico" de elaboração do real, especificamente aquele no qual operam os mitos. Dele nos valemos em toda atividade do pensamento – seja o pensamento "selvagem", seja o científico. Já o eixo contínuo de elaboração do real consiste num esforço de divisão infinitesimal da totalidade em partes, como no caso da repetição obstinada de gestos e palavras em um ritual. Esse eixo "metonímico", próprio do rito, segundo Lévi-Strauss, procura recuperar a continuidade rompida pelo pensamento, refazendo as pequenas unidades constitutivas do "vivido". Ainda que indispensável para a apreensão do real, esse esforço metonímico jamais chega a seu termo; de acordo com Lévi-Strauss, ele está fadado ao fracasso – daí a mistura de obstinação e impotência que o caracteriza.[3]

---

[2] Alberti, 1990, p. 5; grifado no original. A fórmula do "vivido conforme concebido por quem viveu" já fazia parte do texto que apresentei no VI Encontro Estadual de História da ANPUH, em Belo Horizonte, em julho de 1988.

[3] Lévi-Strauss, 1971. Antes de Lévi-Strauss, Schopenhauer identificou duas formas de representação pelas quais o sujeito apreende o mundo: a representação intuitiva, também chamada de concreta, e a representação abstrata, também denominada "pensado" (*Gedachten*). Não são o mesmo que o vivido e o pensado de Lévi-Strauss (ambas parecem ser da ordem do pensado), mas sua caracterização é muito semelhante: de acordo com Schopenhauer, os conceitos da representação abstrata são como pequenas peças de mosaico, que, por mais precisas e pequenas, nunca se ajustarão à realidade – ou seja, o pensado opera por descontinuidades. Já a representação concreta assemelha-se a uma pintura (contínua, portanto, em relação ao que é representado) (Schopenhauer, 1818 e 1844).

A identificação dessas formas de elaboração do real pode ajudar a compreender o fascínio da história oral. Repetições e detalhes que funcionam como divisões infinitesimais em uma entrevista podem ser parte do esforço obstinado e ao mesmo tempo impotente de refazer o percurso do vivido. Por momentos podemos ter a impressão de que é possível abolir as descontinuidades com o passado. Ao mesmo tempo, sabemos que o passado só "retorna" através de trabalhos de síntese da memória: só é possível recuperar o vivido pelo viés do concebido. É claro que a história oral não é a única manifestação em que se combinam desse modo o contínuo e o descontínuo, mas, como já havia assinalado no texto citado, ela se ajusta a toda uma *postura* que valoriza tal combinação.

Passemos agora a dois paradigmas de nossa cultura nos quais a história oral encontra sustentação, tão "infiltrados" em nosso modo de ver o mundo que nem nos damos conta de sua existência: o modo de pensar hermenêutico e a ideia do indivíduo enquanto valor.

Hermenêutica: "compreender é reencontrar o eu no tu"

A palavra "hermenêutica" designa um conjunto bastante diversificado de questões. Etimologicamente, remonta ao deus grego Hermes, representado com asas nos calcanhares, mensageiro entre os deuses e os homens, mas também deus dos ladrões e das estradas. Durante muito tempo, hermenêutica consistiu no esforço de interpretação de textos – principalmente religiosos – e na definição de regras a serem seguidas para sua correta compreensão. Mais tarde, passou a designar também uma postura filosófica. Importante, dentro desse universo, é a noção de círculo hermenêutico: a ideia de que o todo fornece sentido às partes e vice-versa. Por exemplo: no processo de compreensão de um texto, a palavra ganha sentido na frase, ao mesmo tempo em que a frase ganha sentido com as palavras.

Nas ciências humanas, a hermenêutica passou a ter importância a partir do final do século XIX, quando Wilhelm Dilthey (1833-1911), um dos principais responsáveis pelo surgimento das ciências humanas como universo distinto das ciências naturais, a elegeu como fundamento daquelas. Para Dilthey, as ciências naturais tinham como fundamento a explicação, enquanto as ciências humanas se baseavam na *compreensão*. Dilthey teve influência decisiva nas formas de estudar o passado que relacionam temas e acontecimentos às condições históricas de seu aparecimento e desenvolvimento. Para compreender o homem, dizia, é necessário compreender sua *historicidade* – noção estranha às categorias estáticas das ciências naturais. O modo de pensar hermenêutico, que não se resume obviamente à filosofia de Dilthey, consiste em valorizar o movimento de se colocar no lugar do outro para compreendê-lo e em acreditar que as coisas (o passado, os sonhos, os textos, por exemplo) têm um sentido latente, ou profundo, a que se chega pela interpretação.[4]

Um dos pontos de contato mais claros entre hermenêutica e história oral é a categoria da *vivência* – para Dilthey, a menor unidade das ciências humanas, que são epistemologicamente atreladas à *vida*. A vivência concreta, histórica e viva é o próprio ato, não algo de que estejamos conscientes – ela deixa de ser vivência quando observada, porque a observação atrapalha o fluir da vida (ao tomar consciência, fixamos o momento e o que era contínuo se torna estático). Essa menor unidade é um dos termos da fórmula que, segundo Dilthey, torna acessíveis os objetos das ciências humanas: vivência-expressão-compreensão. As produções humanas *exprimem* a vivência e cabe ao hermeneuta *compreender* essas expressões, de tal forma que a compreensão seja o mesmo que *tornar a vivenciar*. "Compreender", diz Dilthey, "é reencontrar o eu no tu."[5] É alargar nossos horizontes em relação às possibilidades de vida humana, é vivenciar outras existências. E ele dá um exemplo, o de vivenciar o religioso: "Posso não ter, durante minha existência, a possibilidade de experimentar o religioso. Mas, à medida que leio as cartas e os escritos de Lutero e de seus contemporâneos, vivencio o religioso com uma energia e força tais que hoje em dia seriam impossíveis."[6]

Ora, podemos dizer que a postura envolvida com a história oral é genuinamente hermenêutica: o que fascina numa entrevista é

---

[4] Ver, a respeito da hermenêutica e de Dilthey, Alberti, 1996.
[5] "Entwürfe zur Kritik der historischen Vernunft" ("Esboços para a crítica da razão histórica"), Dilthey, 1959-1962, v. VII, p. 191.
[6] *Ibid.*, p. 214.

a possibilidade de tornar a vivenciar as experiências do outro, a que se tem acesso sabendo *compreeender* as expressões de sua vivência. Saber compreender significa realizar um verdadeiro trabalho de hermeneuta, de interpretação. No caso de textos antigos, esse trabalho requer um estudo histórico e gramatical prévio, que nos coloque na posição de um leitor da época. No caso de entrevistas de história oral, ele também requer uma preparação criteriosa, que nos transforme em interlocutores à altura de nossos entrevistados, capazes de entender suas expressões de vida e de acompanhar seus relatos.

Mas, como no caso do filme, o tornar a vivenciar a experiência do outro nunca será completo. A compreensão é um processo de elevado esforço intelectual que jamais chega ao fim, diz Dilthey. Ocorre o mesmo que na leitura de um romance: as cenas que já li escurecem, o passado perde a clareza e a definição. Quando retenho o enredo, só me resta uma visão geral das cenas. E assim se passa com a compreensão da vida: a hermenêutica nunca produz a certeza demonstrável.

Observe-se que esse "jamais chegar ao fim" a que está fadada a compreensão também está na base do fascínio da história oral. Como nenhuma interpretação é completa, haverá sempre espaço para novas possibilidades, que, novamente, não darão conta da totalidade, e assim por diante. Mas se tomarmos esse infinito de possibilidades ao pé da letra, corremos o risco de cair em um relativismo exacerbado, que confere validade a toda sorte de interpretações: tudo se torna possível, já que não há certeza demonstrável. Essa espécie de vertigem pode chegar ao ponto de isentar o pesquisador de todo esforço hermenêutico: sob a alegação de que toda interpretação é apenas uma possibilidade, basta colher e divulgar as expressões do vivido (isto é, as próprias entrevistas). Creio, contudo, que as entrevistas têm valor de documento, e sua interpretação tem a função de descobrir o que documentam.[7]

---

[7] A respeito do valor de documento das entrevistas de história oral, ver os capítulos seguintes deste livro. Sobre os riscos de um relativismo exacerbado na hermenêutica, ver Alberti, 1996.

O indivíduo como valor

O segundo paradigma claramente "infiltrado" na história oral, a ideia do indivíduo como valor, também está relacionado à compreensão hermenêutica. Quando Dilthey afirma que compreender é tornar a vivenciar, é claro que pressupõe o indivíduo como *locus* das vivências (as originais e as depois compreendidas) – de outro modo parece difícil "reencontrar o eu no tu". Esse indivíduo, assim como a hermenêutica como modo de pensar, é específico à cultura ocidental moderna. Tomar o indivíduo como valor não é apenas considerá-lo uma entidade valorizada em nossa cultura "individualista". É considerar que, em uma ordem hierárquica, ele é o termo superior a englobar o(s) inferior(es), possuindo, portanto, uma capacidade de *totalização*. Como a cultura ocidental é tudo menos hierárquica, pois, na racionalidade moderna, o que se pressupõe é a igualdade, ao invés da hierarquia, dá-se com o indivíduo moderno um interessante paradoxo: ele já nasceu como valor englobante, apesar de firmado na igualdade; como totalizador, apesar de nivelado e fragmentado. Dito de outra forma: a crença no indivíduo autônomo e igual perante os outros, que é também o indivíduo único e singular, o ser psicológico, *dá sentido a* uma série de concepções e práticas em nosso mundo. Basta ver que, em outras culturas, igualdade, liberdade, singularidade psicológica etc. não dão sentido a práticas e modos de ser, para reconhecer que esse indivíduo é um valor em nossa cultura, não tendo nada que ver com uma suposta "natureza humana".[8]

É conhecido o alerta de Pierre Bourdieu para o fato de a individualidade ser, na verdade, uma "formidável abstração", que construímos para nos afastar da fragmentação do eu. O nome próprio, a assinatura e a individualidade biológica provocam aquilo que Bourdieu chama de "ilusão biográfica", a ilusão de uma identidade coerente e específica, embutida na ideia de vida como estrada, que segue uma ordem *cronológica* (com uma lógica prospectiva e retrospectiva) e obedece ao postulado do *sentido* da existência.[9]

---

[8] Sobre essa discussão, ver Duarte, 1983; Dumont, 1966 e 1983; e Castro & Araújo, 1977.
[9] Ver Bourdieu, 1996.

Não é difícil perceber como a história oral está ligada a esse paradigma. Muitos autores atribuem a ela uma capacidade de totalização, principalmente quando confrontada com a fragmentação de documentos escritos. Uma entrevista de história oral teria a vantagem de falar, de saída, sobre o passado, interpretando-o logo em densidade. Isso pode ser visto, como efetivamente o é por alguns autores, como um paradoxo: quanto mais moderna é a sociedade, quanto mais rápida e fragmentada é a comunicação, tanto mais precisamos, para entendê-la, de formas "tradicionais" de explicação, isto é, narrativas orais, transmitidas de gerações mais velhas para mais novas, de modo a conservar a "identidade" e a construir os significados da sociedade.

Há um detalhe crucial, porém: o fato de o sentido e a identidade em sociedades modernas pressuporem o indivíduo como âncora e elemento constitutivo. Ao tempo indistinto, linear e racional do mundo moderno contrapõe-se a densidade de significados da biografia, capaz de sintetizar os significados do passado.[10] Se a história oral representa uma opção totalizadora frente à fragmentação de documentos escritos é porque ela está centrada no indivíduo, que funciona, em nossa cultura, como compensação totalizadora à segmentação e ao nivelamento em todos os domínios.

Práticas e valores muito "infiltrados" em nosso modo de ver o mundo correm o risco de parecer coisa dada, verdades absolutas, comuns a todas as culturas. É o que acontece com os dois paradigmas aqui destacados. O modo de pensar hermenêutico, que privilegia a *interpretação* do mundo com vistas à busca de um sentido profundo das coisas, inclusive da história e das biografias, é tão difundido – nos livros, nos filmes, nos meios de comunicação, na academia, nas terapias etc. – que mal podemos imaginar que possa haver outras possibilidades. O mesmo se passa com o indivíduo como valor. Ambos são totalizadores, fixam sínteses e sentidos.

---

[10] A respeito desse papel central da biografia em relação à própria história, escreveu Luiz Fernando Duarte: "A vida de cada sujeito passa a ser medida na linha da flecha [do tempo linear] e passa a constituir um microtempo fundamental... a História" (Duarte, 1983, p. 37).

O campo da história oral é acentuadamente totalizador; entrevistado e entrevistadores trabalham conscientemente na elaboração de projetos de significação do passado.[11] O esforço é muito mais construtivista do que desconstrutivista (inúmeras vezes ouvimos, com efeito, que o entrevistado "constrói o passado"), e tem como base a experiência concreta, histórica e viva, que, graças à compreensão hermenêutica, é transformada em expressão do humano. É importante ter consciência dessa "vocação totalizante" da história oral, em um mundo em que a fragmentação e a dissipação de significados, o desaparecimento do sujeito e o privilégio da superfície (em detrimento da profundidade) também estão na ordem do dia.[12]

Possibilidades de pesquisa

Reconhecer os paradigmas que estão na base do sucesso da história oral não implica renunciar a sua capacidade de ampliar o conhecimento sobre o passado. Ao contrário, saber em que lugar nos situamos ao trabalhar com determinada metodologia ajuda a melhor aproveitar seu potencial. A ideia de fundo aqui é: história oral não é solução para tudo; convém ter claro onde ela pode ser útil e delimitar sobre o que vale a pena perguntar.

Uma das principais vantagens da história oral deriva justamente do fascínio do vivido. A experiência histórica do entrevistado torna o passado mais concreto, sendo, por isso, atraente na divulgação do conhecimento. Quando bem aproveitada, a história oral tem, pois, um elevado potencial de ensinamento do passado, porque fascina com a experiência do outro. Esse mérito reforça a responsabilidade e o rigor de quem colhe, interpreta e divulga entrevistas.

---

[11] Nesse contexto, é bastante útil a noção de *projeto* desenvolvida por Gilberto Velho como sendo uma elaboração consciente e uma tentativa de dar sentido à experiência fragmentada (Velho, 1981).
[12] Aqui penso especificamente em movimentos opostos aos do paradigma hermenêutico que surgiram a partir de fins do século XIX e mais acentuadamente no século XX, às vezes chamados de "pós-modernos", e que tem em autores como Friedrich Nietzsche, Jacques Derrida, Jean François Lyotard, entre outros, seus expoentes.

Mas em que medida a experiência individual pode ser representativa? Até que ponto uma história de vida fornece informações sobre a história da sociedade? Autores que defendem o uso da biografia no estudo da história consideram que as biografias de indivíduos comuns concentram todas as características do grupo. Elas mostram o que é estrutural e estatisticamente próprio ao grupo e ilustram formas típicas de comportamento. Mesmo uma biografia excepcional é capaz de lançar luz sobre contextos e possibilidades latentes da cultura – como é o caso de Menocchio, o moleiro do livro *O queijo e os vermes*, de Carlo Ginzburg. Como o próprio Ginzburg chamou a atenção, a excepcionalidade de Menocchio permite deduzir, "em negativo", o que seria mais frequente.[13]

Biografias, histórias de vida, entrevistas de história oral, documentos pessoais, enfim, mostram o que é potencialmente possível em determinada sociedade ou grupo, sem esgotar, evidentemente, todas as possibilidades sociais. Mas o que faz um pesquisador procurar um indivíduo que tenha sido ator ou testemunha de determinado acontecimento ou conjuntura para fazer dele um entrevistado? Com certeza a busca de alguma informação e de algum conhecimento que aquele indivíduo detém, e que o próprio pesquisador – mesmo que muito bem informado e preparado – não detém. Se não, é evidente que não haveria necessidade de se despender tempo e verbas na realização de uma entrevista. Só convém recorrer à metodologia de história oral quando os resultados puderem efetivamente responder a nossas perguntas e quando não houver outras fontes disponíveis – mesmo entrevistas já realizadas – capazes de fazê-lo.

E que tipo de informação ou conhecimento são esses que se procuram em uma entrevista? Qual sua especificidade? Sem pretender esgotar o rol, vejamos alguns campos de pesquisa em que a história oral pode ser útil.[14]

1. *História do cotidiano*. Uma entrevista de história oral permite reconstituir decursos cotidianos, que geralmente não estão registrados em outro tipo de fonte. O historiador Lutz Niethammer (1985) faz a esse respeito

---

[13] Levi, 1996.
[14] Sobre os campos e temas que vêm sendo estudados à luz da história oral, ver também Janotti & Rosa, 1992/1993; Ferreira, 1994; Joutard, 1996; e Alberti, 1997.

algumas observações interessantes. Em primeiro lugar, reconstituir o cotidiano não é muito fácil, diz ele, porque geralmente as pessoas se lembram mais das ações não muito óbvias ou evidentes, que, por isso mesmo, ficam na lembrança. Desse modo, ao solicitarmos do entrevistado que reconstitua seu cotidiano, há o risco de o resultado acabar sendo determinado pelas perguntas, que só conseguem trazer à lembrança alguns aspectos da vida diária. Além disso, é preciso ter claro que a descrição do cotidiano sempre vem acompanhada de certa nostalgia, misturada a sentimentos de pesar ou de alívio, que acabam marcando o sentido da narrativa. Mas é possível a um bom entrevistador obter descrições precisas de rotinas. De um lado, porque elas estão consolidadas na memória do entrevistado, que precisava dominá-las para viver e trabalhar. De outro, porque elas geralmente são informações "inofensivas" que nunca precisaram ser interpretadas ou reavaliadas ao longo da vida, ao contrário dos valores ou das experiências problemáticas – e é por essa razão que muitas vezes o entrevistado não entende o sentido de perguntas sobre o cotidiano, assunto por demais trivial e sem ligação com o sentido da história de vida.[15] A meu ver, algumas perguntas sobre o cotidiano são interessantes, para situarmos o entrevistado e seu passado. Perguntas exaustivas e detalhadas, no entanto, só deveriam ser feitas se isso realmente for importante para os propósitos da pesquisa, pois a entrevista acaba se tornando muito longa. Sugestões de perguntas sobre o cotidiano podem ser encontradas no apêndice do livro *A voz do passado*, de Paul Thompson, que abrange assuntos como casa, família, rotina doméstica, refeições, relação com os pais, lazer, escola e vida profissional.[16]

2. *História política*. A metodologia de história oral é especialmente indicada para o estudo da história política, entendida não como história dos "grandes homens" e "grandes feitos", e sim como estudo das diferentes formas de articulação de atores e grupos, trazendo à luz a importância das ações dos indivíduos e de suas estratégias.

---

[15] Niethammer, 1985, p. 423-ss. Zimmermann, 1992, também destaca a reconstrução de decursos cotidianos como parte das potencialidades da história oral.
[16] Thompson, 1992, p. 367-378.

Através de entrevistas de história oral, é possível reconstituir redes de relação, formas de socialização e canais de ingresso na carreira, bem como investigar estilos políticos específicos a indivíduos e grupos.[17]
3. *Padrões de socialização e de trajetórias.* Entrevistas de história oral permitem o estudo de padrões de socialização e de trajetórias de indivíduos e grupos pertencentes a diferentes camadas sociais, gerações, sexos, profissões, religiões etc.[18]
4. *História de comunidades.* A história oral pode ser utilizada como metodologia de pesquisa para a reconstituição de trajetórias de comunidades específicas, como as de bairro, as imigrantes, as camponesas etc. Ela pode auxiliar também na investigação de genealogias de determinadas famílias dessas comunidades.
5. *História de instituições.* A metodologia de história oral pode ser empregada no estudo da história de instituições do Estado, de organismos públicos e de empresas privadas. Nesse universo, ela permite a reconstrução de organogramas administrativos, o esclarecimento de funções de diferentes órgãos, a recuperação de processos de tomada de decisão e investigações sobre o *esprit de corps* dos funcionários e sobre as relações entre diferentes gerações de trabalhadores.[19] As entrevistas podem também ajudar a esclarecer o conteúdo, a organização e as lacunas de arquivos existentes nas instituições.[20]
6. *Biografias.* A história oral pode auxiliar na reconstituição de trajetórias de vida de pessoas cuja biografia se deseja estudar.
7. *História de experiências.* Entrevistas de história oral podem ser usadas no estudo da forma como pessoas ou grupos efetuaram e elaboraram experiências, incluindo situações de aprendizado e decisões estratégicas. Essa noção é particularmente desenvolvida em textos alemães, onde recebe o nome de *Erfahrungsgeschichte* ("história de experiência"), e aparece em combinação com a ideia de mudança de perspectiva (*Perspektivenwechsel*). Em linhas gerais, essas noções significam o seguinte:

---

[17] Veja-se, a esse respeito, Camargo, 1994; e Ferreira, 1994.
[18] Ver Zimmermann, 1992.
[19] Ver Ferreira, 1994.
[20] Tourtier-Bonazzi, 1996, p. 244.

entender como pessoas e grupos experimentaram o passado torna possível questionar interpretações generalizantes de determinados acontecimentos e conjunturas. Um estudo de história oral sobre uma organização anarcossindicalista durante a guerra civil espanhola, por exemplo, desmistificou a ideia antes predominante de autogestão operária, revelando clivagens internas num período em que se supunha prevalecer a colaboração.[21] E, na Alemanha, uma entrevista com um trabalhador que ingressou no Partido Comunista Alemão nos anos 1920 revelou que explicações generalizantes dadas à influência comunista sobre os trabalhadores da República de Weimar, como a situação do proletariado ou a influência do aparelho partidário, podem nem sempre corresponder às situações específicas. A história desse entrevistado mostra que, no processo de decisão que o levou a ingressar no partido, importaram o exemplo do irmão mais velho e uma posição crítica com relação ao catolicismo, em especial com relação a determinado padre. Essa "história de experiência" é, para Niethammer, uma possibilidade de nos aproximarmos empiricamente de algo como o "significado da história dentro da história" e permite, de acordo com Zimmermann, questionar criticamente a aplicação de teorias macrossociológicas sobre o passado.[22] A capacidade de a entrevista contradizer generalizações sobre o passado amplia, pois, a percepção histórica – isto é, permite a "mudança de perspectiva".

8. *Registro de tradições culturais.* Entrevistas de história oral transmitem tradições culturais, que vão surgindo à medida que o entrevistado delas se lembra: histórias, canções, poemas, provérbios, modos de falar de um grupo, reminiscências sobre antepassados e sobre territórios, informações transmitidas de geração em geração ou dentro de um mesmo grupo profissional etc. Há autores que fazem uma clara distinção entre tradição oral e história oral. A primeira incluiria narrativas sobre o passado universalmente conhecidas em uma cultura, enquanto o testemunho ou a entrevista de história oral se

---

[21] Ver Garrido, 1992/1993, p. 40-41.
[22] Niethammer, 1985; e Zimmermann, 1992.

caracterizaria por versões que não são amplamente conhecidas.[23] Essa distinção pressupõe, contudo, que a tradição oral seja imutável; ela não considera que mesmo o passado "universalmente" conhecido é continuamente acumulado e dissecado. Assim, há todo um conjunto de pesquisadores que chama a atenção para o fato de a tradição oral só se atualizar no momento mesmo da narrativa, momento que determina, em grande parte, para que e como algo é narrado.[24] Desse ponto de vista, tradição oral e história oral têm bastante proximidade, principalmente se tomarmos as entrevistas como ações (ou narrações), e não somente como relatos do passado.

9. *História de memórias*. A metodologia de história oral é bastante adequada para o estudo da história de memórias, isto é, de representações do passado. Estudar essa história é estudar o trabalho de constituição e de formalização das memórias, continuamente negociadas. A constituição da memória é importante porque está atrelada à construção da identidade. Como assinala Michael Pollak, a memória resiste à alteridade e à mudança e é essencial na percepção de si e dos outros. Ela é resultado de um trabalho de organização e de seleção daquilo que é importante para o sentimento de unidade, de continuidade e de coerência – isto é, de identidade.[25] E porque a memória é mutante, é possível falar de uma história das memórias de pessoas ou grupos, passível de ser estudada através de entrevistas de história oral. Observe-se que estudar a constituição de memórias não é o mesmo que construir memórias. Muitos pesquisadores que trabalham com história oral acham-se imbuídos da missão de construir memórias, sem atentar para o próprio processo de sua constituição, que muitas vezes oferece material riquíssimo de análise.[26]

---

[23] Essa é, por exemplo, a opinião de David Henige, resumida e comentada por Cohen, 1989.
[24] Essa posição é defendida por Cohen, 1989; e Cruikshank, 1996. Sobre o tema, ver também Tonkin, 1992.
[25] Ver Pollak, 1989 e 1992.
[26] Ver, por exemplo, a análise de Alessandro Portelli sobre a história da memória de um massacre ocorrido em 1944 na Itália (Portelli, 1996). Sobre a história de memórias, ver ainda Rousso, 1996 e 1997. E sobre questões relativas ao processo de constituição de memórias, ver o capítulo 2 deste livro.

Vale lembrar que as possibilidades de uso da história oral vão além das atividades de pesquisa e documentação no âmbito das ciências humanas. No ensino de história, por exemplo, alguns recursos oferecidos pela história oral podem ser úteis: uma entrevista pode tornar o aprendizado mais fácil, porque trata de experiências concretas, narradas de forma direta e coloquial, e os alunos também podem fazer entrevistas sobre as histórias da comunidade e das famílias. Além de passar a conhecer essas histórias, o estudante desenvolve várias habilidades: o planejamento do trabalho, a prática de pesquisa e a capacidade de falar com pessoas desconhecidas.[27] Entrevistas de história oral podem ser usadas com sucesso também em exposições, programas de vídeo e em outros recursos de multimídia, como forma de apresentar experiências concretas sobre determinados acontecimentos e conjunturas.

Referências bibliográficas

Alberti, Verena - 1990 - *História oral: a experiência do CPDOC*. Rio de Janeiro, FGV.

_____ - 1996 - "A existência na história: revelações e riscos da hermenêutica". *Estudos Históricos*. Rio de Janeiro, CPDOC-FGV, v. 9, n. 17, 1996, p. 31-57 (disponível para *download* no Portal do CPDOC: www.cpdoc.fgv.br).

_____ - 1997 - "Ensaio bibliográfico: obras coletivas de história oral". *Tempo*. Revista do Departamento de História da Universidade Federal Fluminense. Rio de Janeiro, Relume-Dumará, v. 2, n. 3, jun. 1997, p. 206-219.

Bourdieu, Pierre - 1996 [1986] - "A ilusão biográfica", in: Ferreira, Marieta de Moraes & Amado, Janaína (orgs.). *Usos & abusos da história oral*. Rio de Janeiro, FGV, 1996, p. 183-191 (originalmente publicado em *Actes de la Recherche en Sciences Sociales*, 1986).

Camargo, Aspásia - 1994 - "História oral e política", in: Ferreira, Marieta de Moraes (org.), *História oral e multidisciplinaridade*. Rio de Janeiro, Diadorim/Finep, p. 75-99.

---

[27] Exemplos de experiências do uso da história oral em sala de aula podem ser encontrados em Soares, 1998; e Cardoso, 1998.

Cardoso, Maria Margarida - 1998 - "A rua é minha casa", in: Conferência Internacional de História Oral (10:1998: Rio de Janeiro). *Oral History: challenges for the 21st century*; Xth International Oral History Conference, proceedings. Rio de Janeiro, CPDOC/FGV/Fiocruz, 1998, v. 3, p. 1489-1496.

Castro, Eduardo Viveiros de & Araújo, Ricardo Benzaquen de - 1977 - "Romeu e Julieta e a origem do Estado", in: Velho, Gilberto (org.). *Arte e sociedade*. Rio de Janeiro, Zahar.

Cohen, David William - 1989 - "The undefining of oral tradition". *Ethnohistory*. American Society for Ethnohistory, Duke University Press, v. 36, n. 1, Winter 1989.

Cruikshank, Julie - 1996 - "Tradição oral e história oral: revendo algumas questões", in: Ferreira, Marieta de Moraes & Amado, Janaína (orgs.). *Usos & abusos da história oral*. Rio de Janeiro, FGV, p. 149-164.

Dilthey, Wilhelm - 1959-1962 - *Gesammelte Schriften*. Stuttgart, Teubner Verlagsgesellschaft.

Duarte, Luiz Fernando -1983 - "Três ensaios sobre pessoa e modernidade". *Boletim do Museu Nacional*. Rio de Janeiro (41).

Dumont, Louis - 1966 - *Homo hierarchicus*. Paris, Gallimard.

_____ - 1983 - *Essais sur l'individualisme*. Paris, Seuil.

Ferreira, Marieta de Moraes - 1994 - "História oral: um inventário das diferenças", in: Ferreira, Marieta de Moraes (org.). *Entre-vistas: abordagens e usos da história oral*. Rio de Janeiro, FGV, p. 1-13.

Garrido, Joan del Alcàzar i. - 1992/1993 - "As fontes orais na pesquisa histórica: uma contribuição ao debate". *Revista Brasileira de História*. São Paulo, ANPUH / Marco Zero, v. 13, n. 25/26, set. 1992 / ago. 1993, p. 33-54.

Janotti, Maria de Lourdes Monaco & Rosa, Zita de Paula - 1992-1993 - "História oral: uma utopia?". *Revista Brasileira de História*. São Paulo, ANPUH / Marco Zero, v. 13, n. 25/26, set. 1992 / ago. 1993, p. 7-16.

Joutard, Philippe - 1996 - "História oral: balanço da metodologia e da produção nos últimos 25 anos", in: Ferreira, Marieta de Moraes & Amado, Janaína (orgs.) *Usos & abusos da história oral*. Rio de Janeiro, FGV, p. 43-62.

Levi, Giovanni - 1996 - "Usos da biografia", in: Ferreira, Marieta de Moraes & Amado, Janaína (orgs.). *Usos & abusos da história oral*. Rio de Janeiro, FGV, p. 167-182.

Lévi-Strauss, Claude - 1971 - *L' homme nu*. Paris, Plon.

Niethammer, Lutz - 1985 - "Fragen-Antworten-Fragen. Methodische Erfahrungen und Erwägungen zur Oral History", in: Niethammer, Lutz & Plato, Alexander von (org.). *"Wir kriegen jetzt andere Zeiten". Auf der Suche nach der Erfahrung des Volkes in Nachfaschistischen Ländern*. Lebensgeschichte und Sozialkultur im Ruhrgebiet 1930 bis 1960 (Lusir), Bd. 3., Berlin-Bonn, J. H. W. Dietz Nachf., p. 392-445.

Pollak, Michael - 1989 - "Memória, esquecimento, silêncio". *Estudos Históricos*. Rio de Janeiro, CPDOC-FGV, v. 2, n. 3, p. 3-15.

_____ - 1992 - "Memória e identidade social". *Estudos Históricos*. Rio de Janeiro, CPDOC-FGV, v. 5, n. 10, p. 200-215.

Portelli, Alessandro - 1996 - "O massacre de Civitella Val di Chiana (Toscana: 29 de junho de 1944): mito, política, luto e senso comum", in: Ferreira, Marieta de Moraes & Amado, Janaína (orgs.). *Usos & abusos da história oral*. Rio de Janeiro, FGV, 1996, p. 103-130.

Rousso, Henry - 1996 - "A memória não é mais o que era", in: Ferreira, Marieta de Moraes & Amado, Janaína (orgs.). *Usos & abusos da história oral*. Rio de Janeiro, FGV, p. 93-101.

_____ - 1997 - "Usos do passado na França de hoje", in: Simson, Olga Rodrigues de Moraes von (org.). *Os desafios contemporâneos da história oral - 1996*. Campinas, Centro de Memória - Unicamp, p. 11-26.

Schopenhauer, Arthur. (1818, 1844, [1859]) "Die Welt als Wille und Vorstellung" [O mundo como vontade e representação], in: *Werke in zehn Bänden*. Zurich, Diogenes, 1977. v. 1-4.

Soares, Maria Inêz Lemos Soares - 1998 - "A história oral como princípio educativo ou a memória como valor no ensino de história", in: Conferência Internacional de História Oral (10:1998: Rio de Janeiro). *Oral History: challenges for the 21st century*; Xth International Oral History Conference, proceedings. Rio de Janeiro, CPDOC/FGV/Fiocruz, 1998, v. 3, p. 1472-1478.

Thompson, Paul - 1992 - *A voz do passado: história oral*. Rio de Janeiro, Paz e Terra. [Tradução do original *The voice of the past - oral history*, publicado pela primeira vez em 1978.]

Tonkin, Elizabeth - 1992 - *Narrating our pasts. The social construction of oral history*. Cambridge University Press.

Tourtier-Bonazzi, Chantal - 1996 - "Arquivos: propostas metodológicas", in: Ferreira, Marieta de Moraes & Amado, Janaína (orgs.). *Usos & abusos da história oral*. Rio de Janeiro, FGV, p. 233-245.

Velho, Gilberto - 1981 - *Individualismo e cultura*: notas para uma antropologia da sociedade contemporânea. Rio de Janeiro, Zahar Editores.

Zimmermann, Michael - 1992 - "Zeitzeugen", in: Rusinek, Bernd-A.; Ackermann, Volker & Engelbrecht, Jörg (orgs.). *Einführung in die Interpretation historischer Quellen. Schwerpunkt: Neuzeit*. Paderborn, Ferdinand Schöning, p. 13-26.

O que documenta a fonte oral:
a ação da memória*

Neste capítulo, procurarei mostrar que as formas de concepção do passado são também formas de *ação*. Conceber o passado não é apenas selá-lo sob determinado significado, construir para ele uma interpretação; conceber o passado é também negociar e disputar significados e desencadear ações. Para tornar isso mais claro, comecemos por um exercício de definição do estatuto da história oral enquanto fonte.

Resíduo de ação

Em um artigo intitulado "Reflexões sobre a teoria das fontes", o historiador Peter Hüttenberger sugere dividir os vestígios do passado em dois grupos: os resíduos de ação e os relatos de ação.[1] O típico resíduo de ação seria o clássico documento de arquivo – pedaço de uma ação passada –, enquanto o relato de ação, posterior a ela, poderia ser exemplificado por

---

* Uma versão resumida deste artigo foi apresentada na mesa-redonda "Ouvir e narrar: métodos e práticas do trabalho com história oral", durante o II Seminário de História Oral realizado pelo Grupo de História Oral e pelo Centro de Estudos Mineiros da Faculdade de Filosofia e Ciências Humanas da Universidade Federal de Minas Gerais, em Belo Horizonte, de 19 a 20 de setembro de 1996.
[1] Hüttenberger, 1992.

uma carta que informa sobre uma ação passada, ou ainda por memórias e autobiografias.

A especificidade dos documentos produzidos *a posteriori* é também destacada pelo historiador Jean-Jacques Becker, que utiliza a noção de "arquivos provocados" para designar as fontes produzidas depois do acontecido e que, por isso mesmo, pertencem à mesma categoria das recordações ou memórias.[2]

Mas Hüttenberger acrescenta à sua classificação uma observação importante: um relato de ação é também resíduo de uma ação. Por exemplo, a carta que informa sobre uma ação passada é também o resíduo da ação que seu autor quis desencadear ao escrevê-la e enviá-la. O mesmo ocorre com autobiografias:

> Uma autobiografia é e quer ser principalmente um "relato" de ações passadas do ponto de vista de uma pessoa. Mas ela também pode ser parte de uma ação e, por isso, "resíduo". Tanto assim que alguns atores guardam provisoriamente suas autobiografias, porque receiam consequências políticas ou de outro tipo. Eles acreditam que seu texto contém um potencial de possibilidades de ação, podendo, com isso, desencadear novas ações. As autobiografias querem instruir os leitores e impingir-lhes uma visão especial dos acontecimentos.[3]

Ora, do mesmo modo que uma autobiografia, podemos dizer que uma entrevista de história oral é, ao mesmo tempo, um relato de ações passadas e um resíduo de ações desencadeadas na própria entrevista. Com uma diferença, é claro: enquanto na autobiografia há apenas um autor, na entrevista de história oral há no mínimo dois autores – o entrevistado e o entrevistador. Mesmo que o entrevistador fale pouco, para permitir ao entrevistado narrar suas experiências, a entrevista que ele conduz é parte de seu próprio relato – científico, acadêmico, político etc. – sobre ações passadas, e também de suas ações.

---

[2] Becker, 1987.
[3] Hüttenberger, 1992, p. 256.

E o que a entrevista documenta enquanto *resíduo de ação*? Em primeiro lugar, ela é um resíduo de uma ação interativa: a comunicação entre entrevistado e entrevistador. Tanto um quanto o outro têm determinadas ideias sobre seu interlocutor e tentam desencadear determinadas ações: seja fazer com que o outro fale sobre sua experiência (o caso do entrevistador), seja fazer com que o outro entenda o relato de tal forma que modifique suas próprias convicções enquanto pesquisador (o caso do entrevistado).

Em segundo lugar, a entrevista de história oral é resíduo de uma ação específica, qual seja, a de interpretar o passado. Note-se que, se chamo isso de *ação* é porque estou indo um pouco além da constatação inicial de que a entrevista é uma construção do passado. Tomar a entrevista como resíduo de ação, e não apenas como relato de ações passadas, é chamar a atenção para a possibilidade de ela documentar as ações de constituição de memórias – as ações que tanto o entrevistado quanto o entrevistador pretendem estar desencadeando ao construir o passado de uma forma e não de outra.

Memória como acontecimento e ação

Quando se fala de memória no campo da história oral, muitas vezes lança-se mão de indefinições atraentes, que garantem a manutenção de certo fascínio em relação à matéria. Em alguma medida, esse pendor para o hermetismo tem fundamento: é difícil saber o que é a memória, como ela se constitui e se processa no conjunto das atividades cognitivas do homem. O assunto já ocupou diversos pensadores, desde a Antiguidade, havendo até aqueles que qualificassem a memória como um sexto sentido entre as faculdades cognitivas.[4]

Lutz Niethammer, em um texto sobre questões metodológicas da história oral, distingue dois níveis de memória, a ativa e a latente. A primeira seria aquela de que sempre precisamos e que está permanentemente à disposição – como, por exemplo, a ideia que se tem da vida como um

---

[4] É o caso, por exemplo, de Hobbes, em *Natureza humana* (1658).

todo –, e a segunda, a memória que necessitaria de reconstruções e associações para ser recuperada.[5]

Para os propósitos deste texto, importa destacar não o processo cognitivo de rememoração e esquecimento, mas a possibilidade de se tomar a ação de constituição de memórias como objeto de estudo.

Para tanto, retomemos um raciocínio desenvolvido por Michael Pollak no início de seu artigo "Memória, esquecimento, silêncio", pelo qual a ideia de memória coletiva tal como definida por Maurice Halbwachs sofre uma espécie de inversão. Se, para Halbwachs, na linha de Durkheim, a memória coletiva era um fato social a ser tomado como coisa – na medida em que fundamentava e reforçava os sentimentos de pertencimento ao grupo –, agora, diz Pollak, trata-se de investigar, antes de mais nada, como os fatos sociais se tornam coisas. Isto é, antes de a memória coletiva ser positivamente dada, cumpre verificar como ela se tornou fato positivo. Em suas palavras:

> Não se trata mais de lidar com os fatos sociais como coisas, mas de analisar como os fatos sociais se tornam coisas, como e por quem eles são solidificados e dotados de duração e estabilidade. Aplicada à memória coletiva, essa abordagem irá se interessar portanto pelos processos e atores que intervêm no trabalho de constituição e de formalização das memórias.[6]

Está em jogo aqui o caráter factual da memória; estão em jogo as possibilidades oferecidas pela história oral no sentido de se investigar a memória lá onde ela não é apenas significado mas também *acontecimento*, *ação*.

O próprio Pollak usa uma noção interessante que nos ajuda a compreender essa ideia: a noção de memórias em disputa. Na constituição das memórias de partidos políticos, sindicatos ou outros tipos de organização, diz Pollak, há todo um trabalho de enquadramento e

---
[5] Niethammer, 1985.
[6] Pollak, 1989, p. 4.

de manutenção da memória, que consiste em privilegiar acontecimentos, datas e personagens dentro de determinada perspectiva.[7] Assim, por exemplo, no caso do movimento da Resistência Francesa, duas memórias concorrentes entraram em competição após o fim da guerra: a dos comunistas e a dos gaullistas. Estes últimos, tendo vencido a disputa, acabaram fazendo coincidir suas datas e seus heróis com os da memória nacional. Jean Moulin, líder da Resistência que poucos conheciam pessoalmente nos anos 1950, passou a ser conhecido por todos depois que seu corpo foi trasladado para o Panthéon.[8]

A ideia de um *trabalho de enquadramento da memória* ajusta-se bem à ênfase que procuro dar aqui à ideia de uma *ação* da memória. No caso das entrevistas de história oral, podemos falar de um trabalho de enquadramento e de manutenção da memória levado a cabo tanto pelo entrevistado quanto pelo entrevistador. Como o próprio Pollak chamou a atenção, não é de modo algum natural falar sobre sua vida a outrem, a não ser que se esteja "numa situação social de justificação ou de construção de [si] próprio".[9] O entrevistado deve estar convencido a respeito da "própria utilidade de falar e transmitir seu passado",[10] utilidade que faz parte, a meu ver, da própria ação que o entrevistado tenciona desencadear.

Mas não é isso que preocupa Pollak. Para ele, a especificidade da história oral é o fato de ela mostrar, através das memórias individuais, os limites do trabalho de enquadramento da memória. Este seria o caso das memórias silenciadas durante o stalinismo e de todo tipo de memória que ele chama de "coletiva subterrânea", em contraposição à "memória coletiva organizada".[11]

---

[7] Na verdade, Pollak fala de dois trabalhos: o primeiro, de enquadramento da memória, e o segundo, que chama o "trabalho da própria memória em si", que consiste em manter a coerência, a unidade e a continuidade da memória enquadrada (cf. Pollak, 1992, p. 206). Para efeito de mera simplificação, reúno ambos sob a mesma designação de "trabalho de enquadramento e de manutenção da memória".
[8] Ver Pollak, 1992.
[9] *Ibid.*, p. 213.
[10] Pollak, 1989, p. 13.
[11] *Ibid.*, p. 8.

Armadilhas da "memória oficial"

Todos concordamos quanto à potencialidade da história oral em permitir o acesso a uma pluralidade de memórias e perspectivas do passado. Creio, contudo, que devemos evitar polarizações do tipo "memória subterrânea" *versus* "memória organizada", ou ainda história ou memória "oficial" *versus* história ou memória "popular". Como tais polarizações são facilmente sujeitas a simplificações, corre-se o risco de, com elas, transformar a história oral em missão e o pesquisador em missionário encarregado de contrapor memórias "dominadas" a memórias "dominantes".

A oposição entre "memória dominante" e "memória dominada" não é cristalina, como bem mostrou o próprio Pollak. No caso, por exemplo, da memória da Segunda Guerra, verifica-se que o gaullista, membro da Resistência "dominado" pelos nazistas, passa a ser o "dominante", porque ganhou, dos comunistas, a disputa pela "memória oficial". Do mesmo modo, uma associação de sobreviventes de um campo de concentração, isto é, um grupo "dominado" por excelência, elabora claramente uma memória "dominante" quando, contactada por Pollak, seleciona e indica os membros que podem ser entrevistados: apenas aqueles cujos testemunhos não entram em choque com a imagem que a associação quer passar de si mesma e da história dos deportados, excluindo-se os que foram deportados por crimes, por homossexualismo e por prostituição.[12]

Não atentar para essas nuances pode levar o pesquisador a participar ativamente do trabalho de enquadramento da memória, tomando-o como bandeira, numa clara revelação das ações que pretende desencadear. É o caso, por exemplo, de alguns estudos sobre a memória de exilados e presos políticos durante a ditadura militar no Brasil. Sem desmerecer a iniciativa de registrar as histórias e as memórias dessas pessoas, chama atenção a insistência com que se contrapõe uma "memória social", que se estaria ajudando a construir, a uma "memória oficial" sobre o regime militar. Em muitos casos, o trabalho de pesquisa é visto como uma missão,

---

[12] Pollak, 1989, p. 10 e 12.

dado o fato de o passado ainda não ter sido suficientemente elaborado pela sociedade. Justamente por isso ainda não é possível, a meu ver, falar de uma memória oficial e de outra subterrânea ou dominada. No que concerne ao período da ditadura militar, as diferentes memórias estão em pleno processo de disputa, no qual se insere a *ação* de pesquisadores e de seus entrevistados.

Para evitar a polarização simplificadora entre memória "oficial" ou "dominante", de um lado, e memória "genuína" ou "dominada", de outro, é preciso ter em mente, portanto, que há uma multiplicidade de memórias em disputa. O próprio Pollak chamou a atenção para isso quando observou "a existência, numa sociedade, de memórias coletivas tão numerosas quanto as unidades que compõem a sociedade".[13] Robert Frank, seu colega no Institut d'Histoire du Temps Présent, propôs uma classificação em quatro níveis, que vai desde a *memória oficial da nação*, passando pela *memória dos grupos* (dos atores, dos partidos, das associações, dos militantes de uma causa etc.) e pela *memória erudita* (dos historiadores), até a memória pública ou difusa.[14] Alessandro Portelli, finalmente, chama a atenção para o fato de, em sociedades complexas, os indivíduos fazerem parte de diversos grupos e, portanto, deles extraírem as diversas memórias e organizá-las de forma idiossincrática.[15] Em sua análise do massacre de Civitella Val di Chiana, em que 115 civis italianos foram mortos em um único dia pelos alemães em junho de 1944, Portelli fala de *memória dividida*, mas isso não significa um conflito entre a "memória comunitária pura e espontânea" e aquela "oficial" e "ideológica". "Na verdade", diz ele, "estamos lidando com uma multiplicidade de memórias fragmentadas e internamente divididas, todas, de uma forma ou de outra, ideológica e culturalmente mediadas."[16] Essa diversidade constitui, portanto, a melhor alternativa para evitarmos a polaridade simplificadora entre "memória oficial" e "memória dominada".

---

[13] Pollak, 1989, p. 12.
[14] Frank, 1992.
[15] Portelli, 1996, p. 127.
[16] *Ibid.*, p. 106.

O específico da história oral

Tentemos ajustar o foco sobre aquilo que a fonte oral documenta, lembrando o raciocínio de Pollak de que é preciso investigar como o fato social se transforma em coisa.

Robert Frank considera que a história oral pode contribuir para uma *história objetiva da subjetividade*. Isso implica que o pesquisador deve ter como objetivo ir além da simples história do acontecimento, interessando-se também pela *história da memória desse acontecimento* até nossos dias. Eis o motivo:

> Porque o conhecimento do passado dito "objetivo" não basta para explicar o presente, sendo preciso acrescentar-lhe o conhecimento da percepção presente do passado. Esse "presente do passado" é precisamente a memória, e o estudo acadêmico dessa última permite melhor compreender a identidade que ela tem por função estruturar.[17]

A posição de Robert Frank reforça a ideia de que a memória é também *fato*, passível de ser objetivamente estudado. E tomar a memória como fato permite entender como determinadas concepções do passado se tornaram *coisas*, sem o que as explicações do presente permanecem insuficientes.

Alessandro Portelli desenvolve reflexão igualmente relevante ao contestar a opinião de um pesquisador, Pietro Clemente, sobre a memória do massacre de Civitella Val di Chiana. Clemente teria assinalado que, diversamente do historiador, o antropólogo "está mais interessado 'nas representações de uma comunidade do que na verdade dos fatos ou na tendência dos valores'".[18] Assim, saber se o massacre de Civitella teve como culpados membros da Resistência Italiana que haviam assassinado dois soldados alemães no interior dos limites da cidade, ou os próprios alemães, não teria tanta importância para Clemente, já que

---

[17] Frank, 1992, p. 67.
[18] Portelli, 1996, p. 107.

a própria comunidade já havia construído sua representação sobre o trágico episódio.

Dando um passo além da simples constatação do passado construído, Portelli sublinha a necessidade de tomarmos os "fatos" do historiador e as "representações" dos antropólogos *juntos*, pois, de outro modo, não saberemos distingui-los.

> Representações e "fatos" não existem em esferas isoladas. As representações se utilizam dos fatos e alegam que *são* fatos; os fatos são reconhecidos e organizados de acordo com as representações; tanto fatos quanto representações convergem na subjetividade dos seres humanos e são envoltos em sua linguagem.[19]

Ou seja, mais uma vez, trata-se de procurar compreender como os fatos sociais se tornam coisas – ou, no caso específico, como as "representações" se tornam "fatos". E Portelli completa:

> Talvez essa interação seja o campo específico da história oral, que é contabilizada como *história* com fatos reconstruídos, mas também aprende, em sua prática de trabalho de campo dialógico e na confrontação crítica com a alteridade dos narradores, a entender representações.[20]

Podemos praticar essa interação com um exemplo. Em algumas pesquisas de história oral desenvolvidas na Alemanha e na França, chamou a atenção dos pesquisadores o fato de a cronologia relativa ao período da Segunda Guerra Mundial aparecer diferenciada nas entrevistas. Na Alemanha, o ano de 1933 – ano da ascensão de Hitler ao poder, como chanceler – não foi mais importante, para muitos entrevistados, do que os anos de 1934, 1935 e 1936, nos quais se encerra o desemprego em massa em virtude do crescimento da indústria bélica.[21] E na França, o 8 de maio de 1945 – que marca o fim da Segunda

---

[19] Portelli, 1996, p. 111; grifo do autor.
[20] *Ibid.*
[21] Herbert, 1985.

Guerra – para muitos não foi tão importante quanto a libertação de Paris na segunda metade do ano anterior.[22] Devemos interpretar essas diferenças como provas de que as memórias individuais são resistentes ao trabalho de enquadramento da "memória oficial"? Ou que as "representações" sobre aqueles anos importam mais do que os "fatos"? Evidentemente que não.

O mais importante nesse tipo de diversidade cronológica é estarmos atentos à própria *diferença* entre as cronologias "nacionais", no caso, e as de grupos ou indivíduos. O fato de os entrevistados alemães não se lembrarem com clareza do ano de 1933 não significa, em absoluto, que ele só importe para a "história oficial". É preciso que "fato" (1933) e "representações" (1934, 35, 36) sejam tomados *juntos*, para podermos tratar objetivamente a história da memória desses anos. É impossível saber o que o ano de 1935 significa sem considerar o ano de 1933. Na verdade, a diferença de cronologias ajuda a compreender a própria ascensão do nazismo – que fez muito mais sucesso quando passou a se reverter em estabilidade e bem-estar social e econômico, do que quando foi predominantemente política.

Podemos, pois, concluir, com relação à especificidade da história oral: sua grande riqueza está em ser um terreno propício para o estudo da subjetividade e das representações do passado *tomados como dados objetivos*, capazes de incidir (de agir, portanto) sobre a realidade e sobre nosso entendimento do passado.

Referências bibliográficas

Becker, Jean-Jacques - 1987 - "O *handicap* do *a posteriori*", in: Ferreira, Marieta de Moraes & Amado, Janaína (orgs.). *Usos & abusos da história oral*. Rio de Janeiro, FGV, 1996, p. 27- 31.

Frank, Robert - 1992 - "La mémoire et l'histoire", in: Voldman, Danièle (org.). *La bouche de la vérité? La recherche historique et les sources orales. Cahiers de l'IHTP.* novembro de 1992, p. 65-72.

---

[22] Pollak, 1992, p. 202.

Herbert, Ulrich - 1985 - "Zur Entwicklung der Ruhrarbeiterschaft 1930 bis 1960 aus erfahrungsgeschichtlicher Perspektive." in: Niethammer, Lutz & Plato, Alexander von (orgs.). *"Wir kriegen jetzt andere Zeiten". Auf der Suche nach der Erfahrung des Volkes in Nachfaschistischen Ländern.* Lebensgeschichte und Sozialkultur im Ruhrgebiet 1930 bis 1960 (Lusir), Bd. 3., Berlin-Bonn, J. H. W. Dietz Nachf., p. 19-52.

Hobbes, Thomas - 1658 - Human nature, or the fundamental elements of policy, in: *The English works of Thomas Hobbes of Malmesbury.* Org. de Sir William Molesworth, Bart. London, John Bohn, 1840; 2 ed. Scientia Verlag Aalen, 1966. v. 4, p. 1-76.

Hüttenberger, Peter - 1992 - "Überlegungen zur Theorie der Quelle", in: Rusinek, Bernd-A.; Ackermann, Volker & Engelbrecht, Jörg (orgs.). *Einführung in die Interpretation historischer Quellen. Schwerpunkt: Neuzeit.* Paderborn, Ferdinand Schöning.

Niethammer, Lutz - 1985 - "Fragen-Antworten-Fragen. Methodische Erfahrungen und Erwägungen zur Oral History.", in: Niethammer, Lutz & Plato, Alexander von (orgs.). *"Wir kriegen jetzt andere Zeiten". Auf der Suche nach der Erfahrung des Volkes in Nachfaschistischen Ländern.* Lebensgeschichte und Sozialkultur im Ruhrgebiet 1930 bis 1960 (Lusir), Bd. 3., Berlin-Bonn, J. H. W. Dietz Nachf., p. 392-445.

Pollak, Michael - 1989 - "Memória, esquecimento, silêncio". *Estudos Históricos.* Rio de Janeiro, CPDOC-FGV, v. 2, n. 3, 1989, p. 3-15 (disponível para *download* em www.cpdoc.fgv.br).

_____ - 1992 - "Memória e identidade social". *Estudos Históricos.* Rio de Janeiro, CPDOC-FGV, v. 5, n. 10, 1992, p. 200-215 (disponível para *download* em www.cpdoc.fgv.br).

Portelli, Alessandro - 1996 - "O massacre de Civitella Val di Chiana (Toscana: 29 de junho de 1944): mito, política, luto e senso comum", in: Ferreira, Marieta de Moraes & Amado, Janaína (orgs.). *Usos & abusos da história oral.* Rio de Janeiro, FGV, 1996, p. 103-130.

História oral e terapia: o exemplo alemão*

A noção de história democrática

Em 1980 foi publicado na Alemanha o primeiro livro de peso voltado para a teoria e a metodologia da história oral – uma coletânea de artigos de autores norte-americanos, ingleses, franceses, italianos e alemães, entre eles Ronald Grele, Paul Thompson, Daniel Bertaux e Luisa Passerini. A introdução de Lutz Niethammer, organizador da publicação, começa significativamente com a seguinte afirmação: "Um futuro democrático necessita de um passado no qual não apenas os superiores possam ser ouvidos."[1] Podemos afirmar, sem risco de equívoco, que a noção de história democrática (*demokratische Geschichte*), que também aparece como história vista "de baixo" (*von unten*), instalou-se de saída no

---

* Este capítulo é uma versão revista de parte do trabalho "História oral na Alemanha: semelhanças e dessemelhanças na constituição de um mesmo campo", apresentado no Grupo de Trabalho *História e Memória*, no XX Encontro Anual da Associação Nacional de Pós-Graduação e Pesquisa em Ciências Sociais (ANPOCS), realizado de 22 a 26 de outubro de 1996, em Caxambu (MG). A pesquisa sobre o campo da história oral na Alemanha fez parte dos estudos preparatórios para o exame oral *Rigorosum*, requisito para a obtenção do diploma de doutor em teoria da literatura na Universidade de Siegen.

[1] Niethammer, 1980, p. 7. Lutz Niethammer esteve no Brasil em outubro de 1995, participando do encontro "Ética e História Oral", realizado na Pontifícia Universidade Católica de São Paulo e no Centro Cultural Banco do Brasil, no Rio de Janeiro.

campo da história oral na Alemanha.[2] De um lado, essa marca ajusta-se à tendência mundial, brasileira inclusive, de considerar que a história oral permite a constituição de uma história dos grupos sociais marginalizados. De outro, contudo, creio que ela tem um forte componente alemão, na medida em que garantir um futuro democrático significa principalmente trabalhar o passado e juntar todos os esforços para que ele não se repita. Ou seja, a noção de história democrática, no caso alemão, está intimamente ligada à elaboração do passado. Essa circunstância será tratada adiante. Por ora, procurarei discutir as implicações da noção de "história democrática".

Não há dúvida de que a história oral permite o registro de uma quantidade diversificada de narrativas de experiência de vida, viabilizando o acesso a visões de mundo e a histórias de vida provenientes de diferentes grupos sociais. Na medida em que se entende esse pluralismo como democracia, pode-se seguramente afirmar que a instituição do campo da história oral foi um passo importante no sentido da democratização do registro e do acesso a narrativas de experiência pessoal.

Mas a possibilidade de realizar entrevistas de história oral com pessoas de grupos sociais distintos não exime o pesquisador da interpretação e da análise do material colhido. Falar de *história* democrática pode levar ao equívoco de se tomar a própria entrevista não como fonte – a ser trabalhada, analisada e comparada a outras fontes – e sim como história. É certo que a própria palavra "história" e sua dupla acepção – aquilo que ocorreu no passado, de um lado, e o resultado do trabalho do historiador, de outro – contribui para difundir esse equívoco. Mas, em nome do próprio pluralismo, não se pode querer que uma única entrevista ou um grupo de entrevistas deem conta de forma definitiva e completa daquilo que aconteceu no passado.

Além disso, para falar de "história democrática" ou de "história vista de baixo", é preciso pressupor que existe uma história "não democrática" ou uma história "vista de cima". Como essa oposição não é simples, a maioria

---

[2] A ênfase, na produção alemã, sobre a "história democrática", também chamada de "outra história", ou de história "vista de baixo", é ressaltada por François, 1987; e Trebitsch, 1994. Botz, 1990, ao fazer um apanhado do campo da história oral na Áustria, refere-se igualmente a essa recorrência.

dos autores acaba não especificando qual seria, em cada caso, a história "dominante". Em um dos textos sobre a pesquisa com trabalhadores do vale do Ruhr, por exemplo, Niethammer e Alexander von Plato escrevem que a experiência da classe trabalhadora caíra em esquecimento, restando apenas testemunhos de seus "oponentes" (*Gegner*), mas não esclarecem quem eram esses oponentes.[3]

Será que o pesquisador que entrevista membros da elite política – isto é, que investiga visões de mundo e experiências de vida de representantes da "história de cima" – exerce uma história "não democrática"? Certamente que não. Aspásia Camargo observou com acuidade essa questão: achar que estudar a elite política não oferece dados importantes para o entendimento da realidade social é, na verdade, uma "versão de direita", porque "não é possível que possamos achar irrelevante saber como o poder se comporta, como se organiza, como decide".[4]

Polarizações do tipo "história de baixo" *versus* "história de cima" contribuem, a meu ver, para enfraquecer a própria especificidade da história oral – ou seja, a de permitir, entre outras coisas, o registro da experiência de um número cada vez maior de grupos, e não apenas dos que se situam "embaixo" na escala social. É certo que os que se situam "acima" costumam deixar mais registros pessoais – como cartas, autobiografias, diários etc. – de suas práticas. Nesse sentido – mas só neste –, é possível admitir que entrevistas de história oral com os que se situam "abaixo" na escala social poderiam ser prioritárias. Essa circunstância leva, contudo, a uma curiosa conclusão: à medida que a ênfase sobre a "história de baixo" acaba vinculada à noção de "povos sem escrita", a história oral torna-se uma compensação para a incapacidade daqueles grupos de escreverem sobre si mesmos. Assim, um argumento que, inicialmente, reclamava maior importância para os "de baixo", corre o risco de acabar reforçando, ainda que indiretamente, o preconceito em relação a eles: eles não são capazes de deixar registros escritos sobre si mesmos.

---

[3] Niethammer & Plato, 1985, p. 10.
[4] Camargo, 1994, p. 87.

Se, ao invés, desvincularmos a história oral dessa polaridade entre "história de baixo" e "história de cima", ou entre "vencidos" e "vencedores", reforçaremos suas características teórico-metodológicas – o fato de possibilitar a constituição de fontes que documentam histórias de vida, experiências pessoais e visões de mundo de diferentes pessoas e grupos – e impediremos que as clivagens sociais acabem se reproduzindo nas próprias pesquisas.

Finalmente, não podemos esquecer que, por mais que nos esforcemos em democratizar o acesso à produção histórica, dificilmente os livros, os artigos e os relatórios de pesquisa que resultam de entrevistas de história oral com os "de baixo" serão lidos pelos próprios entrevistados. Como escreve um dos autores da coletânea organizada por Niethammer sobre as possibilidades do método biográfico, tomando como exemplo o estudo clássico de Thomas e Znaniecki:

> Este método recolhe e publica trajetórias e experiências de vida de membros de grupos sociais que não participam normalmente do mercado literário. Essa produção de saber não é expressão de uma necessidade de informação dos investigados, de uma necessidade desses grupos em compreenderem as possibilidades de solução de seus problemas de vida. São outros grupos sociais, diferentes daqueles dos investigados, que leem esse tipo de estudo.[5]

A "elaboração do passado"

No prefácio ao terceiro volume das publicações do projeto que investigou histórias de vida de trabalhadores do vale do Ruhr, Niethammer discorre sobre a recorrência do tema *guerra e fascismo* na história oral europeia – razão pela qual o livro vem a público enriquecido de estudos referentes à Itália, à Áustria e a outras regiões da Alemanha, além do vale do Ruhr. Essa circunstância delineia, a meu ver, uma segunda acepção possível para a noção de história democrática: é a democracia, e não o fascismo, que o historiador quer efetivar. Isto é: a história oral aparece

---

[5] Fuchs, 1980, p. 335.

como especialmente apropriada para alemães, italianos e austríacos "digerirem" a própria história, porque ela oferece uma possibilidade empírica e particularmente densa de compreender por que e em que medida se deu a adesão ao nazismo.

Não é por acaso que em grande número de trabalhos publicados seja empregada, para designar aquele processo de "digestão", a noção de *Verarbeitung der Vergangenheit*, que podemos traduzir por "elaboração do passado". O substantivo *Verarbeitung* contém o radical "trabalho" (*Arbeit*) – do mesmo modo que "elaboração" contém "labor" – e refere-se frequentemente ao processo de assimilação psíquica de impressões e experiências, além de designar o próprio processo de digestão de alimentos. Ou seja, trata-se da ideia de trabalhar um acontecimento ou experiência para, de alguma forma, superá-lo psiquicamente, como ocorre em uma terapia. A elaboração do passado que sobressai de diversos estudos no campo da história oral na Alemanha tem, pois, essa conotação; é como se a história oral possibilitasse uma terapia coletiva.

Essa especificidade da história oral em países de passado fascista também chamou a atenção de outros autores, como Etienne François:

> Se é verdade que ainda hoje a história oral, apesar dos "desencantos" dos últimos anos, conserva nos países germânicos (Alemanha, Áustria e até mesmo a Suíça alemã) e também na Itália um caráter militante muito mais pronunciado do que na França, isto se deve seguramente ao fato de que nesses países, cuja história recente permanece marcada de maneira indelével pelo nazismo e pelo fascismo, ela tem mais condições de contribuir para que se libere o que está reprimido e se exprima o inexprimível. Por isso mesmo a história oral tem uma função propriamente política de purgação da memória, de "luto" ou, como se diz em alemão, de *Vergangenheitsbewältigung*.[6]

Com efeito, a defesa da história oral como terapia é recorrente entre os alemães. Para Alexander von Plato, que frequentemente utiliza a ideia de

---
[6] François, 1987, p. 12.

digestão do passado, a terapia é necessária para conciliar a culpa coletiva com a normalidade da vida após o regime do nacional-socialismo.[7] Gabriele Rosenthal, em seus estudos sobre as gerações que tiveram diferentes tipos de participação na Segunda Guerra Mundial, elege a questão como diretriz de pesquisa: interessa-lhe saber como os membros da juventude e das forças armadas nazistas elaboraram suas experiências de vida durante o Terceiro Reich.[8] Zimmermann também se refere à elaboração do passado e Ulrich Herbert destaca, entre os resultados do projeto sobre trabalhadores do vale do Ruhr, as formas de elaboração das experiências durante a época da guerra.[9]

Claro está que, no caso específico de um passado marcado pela guerra e pela adesão ao nazismo, mais do que procurar saber como os entrevistados elaboraram suas experiências importa promover uma elaboração social do passado, que a metodologia da história oral tornaria particularmente viável. É preciso saber o que se passou para evitar uma repetição do mal e garantir um futuro democrático. É nesse sentido que se pode entender a previsão de Plato de que o passado pode se tornar explosivo quando não é digerido.[10] Há forte convicção entre os intelectuais alemães, mesmo fora do campo da história oral, de que o silêncio sobre o passado nazista pode produzir esquecimento e indiferença, tornando caduca a responsabilidade histórica.[11] É preciso lembrar para que o horror não se repita – eis o sentido de uma história oral claramente engajada por um futuro democrático.

Mas lembrar, nesse caso, não é simples. Primeiro, porque há que conseguir contar o que é lembrado. Para os que sobreviveram ao holocausto, a linguagem cotidiana muitas vezes parece inadequada para descrever a experiência sob o nazismo. Os autores falam de uma impossibilidade mesma de comunicação. A vítima do holocausto receia que o ouvinte acabe concluindo que tudo correu bem, porque, afinal, ela sobreviveu. Contar sua experiência significa deparar-se novamente com a enorme culpa de ter sobrevivido, enquanto os demais morreram.

---

[7] Plato, 1998.
[8] Rosenthal, 1987, p. 13.
[9] Zimmermann, 1992, p. 26; e Herbert, 1985, p. 31.
[10] Plato, 2000.
[11] Há alguns anos, o jornal francês *Le Monde* publicou artigos sobre a questão, incluindo uma entrevista com Hans Robert Jauss (*Le Monde*, 6/9/1996, p. 7-9).

Assim, ela se pergunta sobre a utilidade de falar e transmitir seu passado.[12] Segundo, porque, no caso dos que não se opuseram ao nazismo, lembrar é ajustar as lembranças a regras diferentes, em vigor antes e depois do fim da guerra. O que era normal e aceito sob o nacional-socialismo passou a ser repudiado e condenado. Terceiro, porque lembrar traz o risco da aprovação do que ocorreu. Alguns intelectuais consideram que é preciso continuar a investigar e a lembrar o passado nazista, mas sempre recusando-se a compreendê-lo, porque compreender algo implica consentimento e aprovação moral.[13]

Se a ideia da elaboração do passado se encaixa particularmente bem na história oral praticada na Alemanha, isso não quer dizer que lhe seja exclusiva. Podemos dizer que ela é parte constitutiva do campo da história oral como um todo, independentemente das fronteiras nacionais.

Tomemos, por exemplo, o caso do Programa de História Oral do CPDOC que, ao ser criado em 1975, também se guiava pelo desejo de trabalhar o passado para garantir um futuro democrático. Não a guerra, não o nacional-socialismo seriam objeto de nossa *elaboração*, mas o fracasso na constituição de um estado de direito. Estudar a "Trajetória e o desempenho das elites políticas brasileiras", como se intitulava então o projeto do programa, era aproximar-se dos processos de decisão e da cultura política que haviam levado ao regime militar de 1964. De certo modo, essa pergunta – assim como a pergunta sobre a adesão ao nazismo no caso da Alemanha – permanece sendo nossa questão fundamental: por que as elites brasileiras não exercem o papel que lhes cabe, a fim de que no país se instale uma efetiva igualdade de direitos? Claro está, então, que a entrevista de história oral registra não apenas as experiências e visões de mundo dos entrevistados, mas, mais do que qualquer outro documento, as intenções do pesquisador em trabalhar o passado para superá-lo.

A "vocação terapêutica" da história oral também se faz representar em estudos que atribuem ao método a faculdade de *construir identidades*.

---

[12] Ver Boll, 2000; e Pollak, 1989, p. 13.
[13] Jauss, 1996.

Assim, por exemplo, há quem considere a história oral instrumento privilegiado para a autodescoberta das mulheres e para a constituição de uma identidade feminina "historicamente fundamentada, emocionalmente experimentada e criticamente refletida".[14] Note-se que não se trata de investigar, através dos relatos de experiências pessoais, como pessoas e grupos sociais constroem suas identidades, e sim de empregar a história oral como método terapêutico de elaboração das experiências do passado para a constituição de uma nova consciência de grupo ou individual. Novamente a entrevista documenta a intenção do pesquisador em produzir esse resultado, mais ainda, talvez, do que a história de vida e as concepções de mundo dos(as) entrevistados(as).

Essa segunda vertente terapêutica também não é exclusiva à história oral praticada na Alemanha. Ela está embutida em quase todos os estudos que acreditam poder constituir uma consciência ou identidade pessoal ou de grupo através de processos específicos de elaboração do passado. É claro que, ao contar sua história a outrem, o entrevistado estará elaborando o passado e fazendo descobertas sobre si mesmo. A realização de entrevistas de história de vida terá sempre relação com processos de construção de identidades.[15] Mas daí a tornar essa construção objetivo da pesquisa vai uma grande diferença.

Duas experiências de pesquisa

Discutirei a seguir duas experiências de pesquisa no campo da história oral na Alemanha, desenvolvidas predominantemente nas disciplinas de história e sociologia. É claro que elas não esgotam a produção alemã na área, sobre a qual há informações em diferentes publicações.[16]

---

[14] Kuhn, 1985, p. 165.
[15] Veja-se, por exemplo, o que diz Etienne François sobre a pesquisa realizada na Áustria sobre estruturas familiares rurais, que provocou, nos entrevistados, uma redescoberta da identidade (François, 1987, p. 11).
[16] Balanços sobre a história oral na Alemanha podem ser encontrados em François, 1987, Trebitsch, 1994; Plato, 1991 e 1998; Hartewig, 1990; e Clemens, 1990 (este sobre a ex-Alemanha Oriental). O artigo de Hartewig é um relato detalhado dos estudos de história oral na Alemanha, desde os não acadêmicos aos acadêmicos, passando pelas discussões teóricas, os órgãos de debate e os arquivos de entrevistas.

O projeto Lusir

O projeto que investigou histórias de vida de trabalhadores do vale do Ruhr chama-se "Lusir", sigla que reúne as iniciais de "Lebensgeschichte und Sozialkultur im Ruhrgebiet 1930 bis 1960" (ou seja, "História de vida e cultura social no vale do Ruhr 1930 a 1960"). Ele foi desenvolvido na primeira metade da década de 1980 por um grupo de pesquisadores coordenado por Lutz Niethammer e composto por Alexander von Plato, Michael Zimmermann e Ulrich Herbert, entre outros, sediado inicialmente na Universidade de Essen e, a partir de 1984, na Fernuniversität Hagen. Seu acervo encontra-se hoje no Instituto para História e Biografia, coordenado por Plato, em Lüdenscheid. Foi em torno desse grupo que surgiu, em 1988, a publicação semestral *Bios – Zeitschrift für Biographieforschung und Oral History* (isto é, "Bios – Revista de Pesquisa Biográfica e História Oral"), periódico que vem contribuindo para a difusão e a discussão de pesquisas e questões do campo da história oral.[17]

O projeto Lusir é reconhecido como um dos mais importantes trabalhos de história oral na Alemanha.[18] Sua principal pergunta diz respeito à consolidação da República Federal Alemã como democracia, tendo o vale do Ruhr um significado estratégico do ponto de vista eleitoral. Investigaram-se as orientações políticas dos trabalhadores do vale do Ruhr, que, durante a República de Weimar, ou seja, quando do advento das tradições pré-fascistas, inclinavam-se principalmente em direção ao comunismo e ao movimento trabalhista católico, e não, como no pós-guerra, à social democracia. Partiu-se também do pressuposto de que o desenvolvimento da indústria metalúrgica no vale do Ruhr tornou específicas as experiências sociais, o que não excluía pontos de proximidade com outras regiões.[19]

Foram feitas cerca de 200 entrevistas de história de vida com homens e mulheres, geralmente idosos, principalmente provenientes de famílias trabalhadoras na indústria metalúrgica. Os entrevistados eram perguntados sobre experiências particulares e sociais na formação, no trabalho, no trabalho doméstico, na vida familiar e associativa, bem como

---

[17] A revista *Bios* é editada pela Fernuniversität Hagen e publicada em Leverkusen, por Leske + Budrich.
[18] Vários autores destacam o projeto Lusir entre os trabalhos de história oral na Alemanha. Ver Trebitsch, 1994, p. 31; François, 1987, p. 3, 7 e 8; e Hartewig, 1990, p. 122.
[19] Para essas informações, ver principalmente Herbert, 1985.

sobre experiências e perspectivas políticas. Os contatos foram feitos de diversas formas: por anúncios de jornal, por intermédio de sindicatos, por arquivos de empresas, pelo coro de igrejas e principalmente pelo sistema da "bola de neve".[20]

Os resultados objetivos do projeto devem ser compreendidos no contexto da discussão com outros autores e pesquisas. Assim, por exemplo, o pressuposto de que a classe trabalhadora era altamente mobilizada é colocado em questão pelas entrevistas: mais importantes do que as diferenças de orientação político-partidária eram as diferenças de religião, de idade, de sexo e de indústria para a qual se trabalhava. As entrevistas chamaram a atenção também para a periodização dos acontecimentos históricos. O ano de 1933, por exemplo, não foi mais importante, para muitos entrevistados, do que os anos de 1934, 1935 e 1936, nos quais se encerra o desemprego em massa em virtude do crescimento da indústria bélica. Para muitos, esse foi o período da prosperidade, com emprego estável e férias remuneradas, ao mesmo tempo em que se enfraqueciam as relações de confiança com vizinhos e colegas como consequência da ascensão do nazismo. Finalmente, a importância dos marcos cronológicos também se relativiza no que diz respeito ao início da guerra: para os entrevistados que não estiveram no *front*, a guerra só se tornou efetivamente significativa com o início dos ataques aéreos.

Claro está que as principais questões do projeto Lusir dizem respeito à história contemporânea alemã, aí compreendidas a história dos movimentos sociais, a história política e a história do cotidiano e, como não poderia deixar de ser, os períodos do pré-guerra, da guerra e do pós--guerra. Merece destaque a quantidade de textos analíticos produzidos com base na pesquisa, em parte reunidos em três volumes e em parte publicados separadamente.[21]

---

[20] Niethammer, 1983, p. 7-8.
[21] Os três volumes que resultaram do projeto são: a) Lutz Niethammer (org.). *"Die Jahre weiß man nicht, wo man die heute hensetzen soll". Faschismuserfahrung im Ruhrgebiet. Lebensgeschichte und Sozialkultur im Ruhrgebiet* (Lusir) 1930 bis 1960, v. 1, Berlim/Bonn, 1983 (2ª edição de 1986); b) Lutz Niethammer (org.). *"Hinterher merkt man, daß es richtig war, daß es schiefgegangen ist." Nachkriegs-Erfahrungen im Ruhrgebiet* (Lusir), v. 2, Berlim/Bonn, 1983; c) Lutz Niethammer & Alexander von Plato (org.). *"Wir kriegen jetzt andere Zeiten." Auf der Suche nach der Erfahrung des Volkes in Nachfaschistischen Ländern.* (Lusir), v. 3, Berlim/Bonn, 1982. Além dos três volumes, os resultados do trabalho foram discutidos em Plato, 1985, e Zimmermann, 1992, entre outros.

A "pesquisa biográfica": história de vida e tipologia

Gabriele Rosenthal pesquisou diferentes gerações que passaram pelo período da guerra. Seus estudos situam-se no campo da pesquisa biográfica (*Biographieforschung*), dentro da sociologia. Segundo ela, trata-se de praticar uma sociologia necessariamente ligada à história, tornando clara a necessidade de uma perspectiva histórica na análise sociológica de trajetórias de vida.[22] A denominação "pesquisa biográfica" significa que a biografia enquanto tal é objeto de estudo. Interessa saber como as pessoas constroem, para outrem, sua história de vida e por quê.[23] Nesse contexto, faz sentido dividir a entrevista em etapas. Em um primeiro momento, o entrevistador formula uma pergunta introdutória abrangente: "Estamos interessados em tal assunto e gostaríamos que nos contasse suas próprias experiências." Durante a grande narrativa autobiográfica, o entrevistado segue seu próprio rumo sem ser interrompido. Apenas nas etapas seguintes é que são colocadas questões.[24] O objetivo desse método é deixar o próprio entrevistado estabelecer o fio condutor da narrativa autobiográfica. Na prática, no entanto, pode se revelar artificial, pois há o risco de o entrevistado não se sentir à vontade falando de saída para pessoas desconhecidas que o observam e tomam notas.

Rosenthal publicou um primeiro livro sobre a geração da juventude nazista.[25] Tratava-se de verificar qual o significado do dia da capitulação (8 de maio de 1945) para os diferentes entrevistados: em que medida a juventude nazista elaborou os ideais e as expectativas afetadas pelo fim da guerra? Rosenthal entrevistou membros das organizações juvenis do nazismo que tinham entre 16 e 22 anos no fim da guerra, e a eles chegou através de anúncios de jornal. Seu livro

---

[22] Rosenthal, 1987, p. 14.

[23] Plato também menciona a pesquisa de trajetória de vida e a pesquisa biográfica (*Lebenslauf- und Biographieforschung*) em um de seus artigos sobre a história oral na Alemanha, como campo de estudo que vem sendo reconhecido nas ciências sociais (Plato, 1991, p. 107).

[24] Esse procedimento, que, no caso de Rosenthal, se baseia no método da entrevista narrativa de Fritz Schütz, parece também ser seguido por Plato, que sugere três etapas da entrevista: a) grande narrativa do entrevistado sem interrupção, b) perguntas de esclarecimento da narrativa recém-ouvida, c) perguntas que ainda restam no roteiro preliminar (Plato, 1985, p. 274-5, e 1991, p. 109).

[25] Rosenthal, 1986.

restringe-se a oito histórias de vida, divididas em três categorias-tipo, conforme a reação do entrevistado ao dia 8 de maio. Os três tipos são: 1) fim desapontador: aqueles que ainda acreditavam na vitória e que, por isso mesmo, não estavam preparados para o 8 de maio; 2) recomeço na paz: aqueles que já tinham perdido as esperanças e que não se dispunham mais a lutar a qualquer preço pelo nacional-socialismo, e 3) recomeço em relações políticas modificadas: aqueles que esperavam a derrota do nacional-socialismo, classificando-se como opositores a ele. Como resultado da pesquisa, entretanto, essa tipologia deixa a desejar, pois sua utilidade teórica não fica clara. O que representam os três tipos além da constatação de que as reações ao 8 de maio foram diversas?

Em um segundo livro, Rosenthal analisa biografias e entrevistas através de uma curiosa reconstrução por hipóteses, em que as informações biográficas são trabalhadas em passos curtos.[26] Se, por exemplo, existe determinada estrutura familiar, a análise segue as diferentes possibilidades oferecidas por tal constelação, independentemente da trajetória efetiva do entrevistado.[27] A principal pergunta continua sendo, aqui, saber como membros da juventude nazista e das forças armadas elaboraram suas vivências e experiências de história de vida durante o Terceiro Reich. O objetivo é enfatizar a inter-relação entre tempo biográfico e tempo histórico, isto é, o fato de que as experiências e biografias são determinadas por constelações históricas específicas. Mais uma vez, no entanto, coloca-se a pergunta sobre se esse tipo de resultado compensa o esforço de pesquisa.

Em uma terceira pesquisa, Rosenthal procurou investigar como diferentes gerações lidavam com a experiência da guerra: a geração que viveu a infância e a adolescência ainda sob o imperador Guilherme II, a geração que cresceu sob a República de Weimar e aqueles que já viveram a infância sob o Terceiro Reich. Em todos os casos, a forma de lidar com o

---

[26] Rosenthal, 1987.
[27] Como observa Niethammer, em estudo publicado recentemente sobre entrevistas que realizou na antiga Alemanha Oriental, esse tipo de transformação de histórias de vida em estereótipos feita por sociólogos na pesquisa biográfica parte de um pressuposto ao mesmo tempo curioso e não plausível para os historiadores: o de que os conteúdos pessoais e temporais das lembranças são arbitrários e/ou desinteressantes (Niethammer, 1991, p. 30, nota 10).

passado dependia claramente da biografia da testemunha. Mas Rosenthal identificou um ponto em comum: os entrevistados tentavam desvincular a guerra do nacional-socialismo. Uma das principais estratégias para isso era a despolitização da guerra, isto é, a ideia de que, quando de seu advento, o entrevistado já não tinha nada a ver com Hitler. Nesse contexto funcionavam o mito do soldado apolítico, a ideia de que a juventude nazista era apolítica e a tendência de não problematizar o próprio passado. Rosenthal observa, contudo, que tais estratégias não propiciavam a elaboração e a superação do passado. Falta, diz ela, um trabalho de luto, já que não se pode falar, reclamar ou chorar o próprio sofrimento. Ela não chega a dizer isso, mas é como se achasse que a superação do passado, nesses casos, fosse artificial. É possível perceber mais uma vez, com este exemplo, como o emprego da história oral na Alemanha está atrelado ao desejo dos pesquisadores de superarem a mancha do passado.

Referências bibliográficas

Boll, Friedhelm - 2000 - "O fardo de falar sobre a perseguição nazista na Alemanha," in: Ferreira, Marieta de Moraes; Fernandes, Tania Maria & Alberti, Verena (orgs.). *História oral: desafios para o século XXI*. Rio de Janeiro, Editora Fiocruz, Casa de Oswaldo Cruz, CPDOC-FGV, 2000, p. 135-142.

Botz, Gerhard - 1990 - "Oral History in Austria." *Bios. Zeitschrift für Biographieforschung und Oral History*. Hagen, Fernuniversität Hagen. Special Issue 1990: "The History of Oral History – Development, Present State, and Future Projects", p. 97-106.

Camargo, Aspásia - 1994 - "História oral e política", in: Ferreira, Marieta de Moraes (org.). *História oral e multidisciplinaridade*. Rio de Janeiro, Finep, Diadorim, p. 75-99.

Clemens, Petra - 1990 - "The State of Oral History in the GDR." *Bios. Zeitschrift für Biographieforschung und Oral History*. Hagen, Fernuniversität Hagen. Special Issue 1990: "The History of Oral History – Development, Present State, and Future Projects", p. 107-114.

François, Etienne - 1987 - "A fecundidade da história oral," in: Ferreira, Marieta de Moraes & Amado, Janaína (orgs.). *Usos & abusos da história oral.* Rio de Janeiro, FGV, 1996, p. 3-13.

Fuchs, Werner - 1980 - "Möglichkeiten der biographischen Methode", in: Niethammer, Lutz (org.). *Lebenserfahrung und kollektives Gedächtnis. Die Praxis der "Oral History".* Frankfurt a.M., Syndikat, p. 323-348.

Hartewig, Karin - 1990 - "Oral History in West Germany." *Bios. Zeitschrift für Biographieforschung und Oral History.* Hagen, Fernuniversität Hagen. Special Issue 1990: "The History of Oral History – Development, Present State, and Future Projects", p. 115-128.

Herbert, Ulrich - 1985 - "Zur Entwicklung der Ruhrarbeiterschaft 1930 bis 1960 aus erfahrungsgeschichtlicher Perspektive", in: Niethammer, Lutz & Plato, Alexander von (orgs.). *"Wir kriegen jetzt andere Zeiten". Auf der Suche nach der Erfahrung des Volkes in Nachfaschistischen Ländern. Lebensgeschichte und Sozialkultur im Ruhrgebiet 1930 bis 1960* (Lusir), Bd. 3., Berlin-Bonn, J.H.W. Dietz Nachf., p. 19-52.

Jauss, Hans Robert - 1996 - Entrevista ao jornal *Le Monde*, 6/9/1996, p. 8.

Kuhn, Annette - 1985 - "Oral history - feministisch", in: Heer, Hannes & Ullrich, Volker (orgs.). *Geschichte entdecken. Erfahrungen und Projekte der neuen Geschichtsbewegung.* Hamburg, Rowohlt Taschenbuch Verlag, p. 165-173.

Niethammer, Lutz - 1980 - "Einführung", in: Niethammer, Lutz (org.). *Lebenserfahrung und kollektives Gedächtnis. Die Praxis der "Oral History".* Frankfurt a.M., Syndikat, p. 7-26.

_____ (org.) - 1983 - "Hinterher merkt man, daß es richtig war, daß es schiefgegangen ist". *Nachkriegserfahrungen im Ruhr-Gebiet. Lebensgeschichte und Sozialkultur im Ruhrgebiet 1930 bis 1960* (Lusir), Bd.2, Berlin-Bonn, J. H. W. Dietz Nachf.

_____ - 1991 - "Glasnost privat 1987", in: Niethammer, Lutz; Plato, Alexander von & Wierling, Dorothee. *Die volkseigene Erfahrung. Eine Archäologie des Lebens in der Industrieprovinz der DDR.* Berlin, Rowohlt.

_____ & Plato, Alexander von - 1985 - "Vorwort", in: Niethammer, Lutz & Plato, Alexander von (orgs.). *"Wir kriegen jetzt andere Zeiten". Auf der Suche nach der Erfahrung des Volkes in Nachfaschistischen Ländern. Lebensgeschichte und Sozialkultur im Ruhrgebiet 1930 bis 1960* (Lusir), Bd. 3., Berlin-Bonn, J. H. W. Dietz Nachf., p. 9-15.

Plato, Alexander von - 1985 - "Wer schoß auf Robert R., oder: Was kann Oral history leisten?" in: Heer, Hannes & Ullrich, Volker (orgs.). *Geschichte entdecken. Erfahrungen und Projekte der neuen Geschichtsbewegung.* Hamburg, Rowohlt Taschenbuch Verlag, p. 266-280.

_____ - 1998 - "La historia experimentada: acerca del estabelecimiento de la historia oral en Alemania". *Palabras y Silencios.* Boletín de la Asociación Internacional de Historia Oral, IOHA, v. 2, n. 3, jun. 1998, p. 7-20.

_____ - 1991 - "Oral History als Erfahrungswissenschaft. Zum Stand der 'mündlichen Geschichte' in Deutschland." *Bios. Zeitschrift für Biographieforschung und Oral History.* Hagen, Fernuniversität Hagen, ano 4, n. 1, 1991, p. 97-119.

_____ - 2000 - "Competições entre vítimas", in: Ferreira, Marieta de Moraes; Fernandes, Tania Maria & Alberti, Verena (orgs.). *História oral: desafios para o século XXI.* Rio de Janeiro, Editora Fiocruz, Casa de Oswaldo Cruz, CPDOC--FGV, 2000, p. 155-163.

Pollak, Michael - 1989 - "Memória, esquecimento, silêncio". *Estudos Históricos.* Rio de Janeiro, CPDOC-FGV, v. 2, n. 3, 1989, p. 3-15 (disponível para *download* em www.cpdoc.fgv.br).

Rosenthal, Gabriele (org.) - 1986 - *Die Hitlerjugend-Generation. Biographische Thematisierung als Vergangenheitsbewältigung.* Essen, Die Blaue Eule. (Gesellschaftstheorie und Soziale Praxis; Bd.1)

_____ - 1987 - *"...wenn alles in Scherben fällt...". Von Leben und Sinnwelt der Kriegsgeneration. Typen biographischer Wandlungen.* Opladen, Leske + Budrich. (Biographie und Gesellschaft; Bd.6)

_____ (org.) - 1990 - *"Als der Krieg kam, hatte ich mit Hitler nichts mehr zu tun." Zur Gegenwärtigkeit des "Dritten Reiches" in Biographien.* Opladen, Leske + Budrich.

Trebitsch, Michel - 1994 - "A função epistemológica e ideológica da história oral no discurso da história contemporânea", in: Ferreira, Marieta de Moraes (org.). *História oral e multidisciplinaridade.* Rio de Janeiro, Diadorim/Finep, p. 19-43.

Zimmermann, Michael - 1992 - "Zeitzeugen.", in: Rusinek, Bernd-A.; Ackermann, Volker & Engelbrecht, Jörg (orgs.). *Einführung in die Interpretation historischer Quellen. Schwerpunkt: Neuzeit.* Paderborn, Ferdinand Schöning, p. 13-26.

História oral e literatura: questões de fronteira*

Partamos de um caso concreto: um livro de mais de mil páginas, intitulado *Os anos roubados. Histórias narradas e narrativa histórica na entrevista: a Segunda Guerra Mundial do ponto de vista de ex-soldados de tropas*, tese de livre-docência apresentada ao Departamento de Letras e Literatura da Universidade de Hamburgo e publicada em 1992. Seu autor, Hans Joachim Schröder, dividiu-o em duas partes independentes, segundo ele. A primeira pretende ser um debate teórico sobre a entrevista narrativa enquanto objeto de pesquisa em quatro disciplinas: a literatura, a história, o folclore e a linguística – as duas últimas merecem atenção restrita, porque nelas o autor se considera menos competente. A segunda contém

---

* Este capítulo é em grande parte inédito. A discussão do livro de Schröder, contudo, pode ser encontrada na última parte do trabalho "História oral na Alemanha: semelhanças e dessemelhanças na constituição de um mesmo campo", apresentado no Grupo de Trabalho *História e Memória*, no XX Encontro Anual da Associação Nacional de Pós-Graduação e Pesquisa em Ciências Sociais (ANPOCS), realizado de 22 a 26 de outubro de 1996, em Caxambu (MG). O exemplo de Antônio Freschi fez parte do texto "A construção da grande siderurgia e o orgulho de ser brasileiro: entrevistas com pioneiros e construtores da CSN", apresentado no V Encontro Nacional de História Oral, realizado na Faculdade de Filosofia e Ciências Humanas (Fafich) da Universidade Federal de Minas Gerais, em Belo Horizonte, de 24 a 26 de novembro de 1999. Algumas questões também foram apresentadas oralmente na exposição que fiz na mesa-redonda "História oral e a construção de narrativas", durante o seminário "Entre a imagem e a oralidade: diálogos na pesquisa", realizado no Centro de Memória da Unicamp, em Campinas, em 11 de junho de 1999.

a análise de histórias da guerra contadas em entrevistas com soldados de tropas. Não há tentativa de articular ambas as partes, tampouco uma conclusão, ao final do livro, que estabeleça relações entre, digamos, "teoria" e "prática". Na verdade, há uma quantidade enorme de informações, referências bibliográficas e discussões, desproporcionais em relação aos parcos resultados do trabalho.

As entrevistas tratadas na segunda parte do livro foram realizadas entre 1977 e 1979, no contexto de um projeto do Instituto para Folclore da Universidade de Hamburgo, coordenado pelo folclorista Albrecht Lehmann. O objetivo desse projeto era colher histórias de vida de habitantes "médios" de uma cidade grande; os entrevistados, todos homens, eram solicitados a contar a história de toda sua vida, sem privilegiar acontecimentos ou conjunturas específicas. O ponto principal da investigação era a pesquisa biográfica: o estudo da autoapresentação e da autoconsciência dos entrevistados. Foram realizadas 86 entrevistas e os contatos foram feitos através de sindicatos, igrejas, associações esportivas, anúncios de jornal e o sistema da "bola de neve". De acordo com Schröder, o tema da guerra só foi reconhecido como central após a realização da maior parte das entrevistas (suponho, entretanto, que já se devia imaginar sua importância), sendo que, do total das entrevistas, 72 acabaram fornecendo as histórias de guerra contidas em seu livro.

A análise das entrevistas consiste em comparar trechos selecionados com conteúdos de livros, artigos e romances sobre a Segunda Guerra e sobre outras guerras. Tais comparações têm o objetivo de corroborar o caráter não efêmero das entrevistas, mas acabam dando a impressão de que todo o trabalho era dispensável, já que as informações fornecidas já se encontravam alhures. Schröder não esclarece qual o estatuto dessa segunda parte de seu livro. De um lado, ela é apresentada como a parte principal do trabalho,[1] de outro, contudo, é denominada "parte de documentação", por conter material para uma história dos soldados na Segunda Guerra. Como o autor reconhece que a segunda parte não pode ser chamada de "história", segue-se um resultado curioso: segundo ele,

---

[1] Schröder, 1992, p. 268.

ela serve a outros pesquisadores, já que os trechos das entrevistas e os comentários oferecem uma extensa gama de possibilidades para novas pesquisas.[2]

A principal tese defendida por Schröder na parte teórica é a de que as entrevistas contêm "literaricidade" (*Literarizität*). Para ele, o conceito de literatura deve ser alargado, passando a compreender a "literatura documental" (*Dokumentarliteratur*), em vez de se restringir à literatura de ficção.[3] Seu principal interlocutor, nesse contexto, é Hans Ulrich Gumbrecht, que, em artigo sobre a narrativa em literatura, defendeu a noção mais restrita.[4] Com efeito, Gumbrecht distingue, nesse artigo, a narrativa no cotidiano da narrativa na literatura. No primeiro caso, afirma, o receptor estará sempre preocupado com a identidade do narrador, seja buscando sinais dessa identidade nas passagens referenciadas à realidade, seja buscando sintomas do exagero do narrador nas passagens "inventadas". O texto literário, ao contrário, não é apreendido como sinal da imaginação do autor; em sua recepção, não importa a identidade do narrador.

A questão levantada por Schröder é, sem dúvida, interessante, mas exige muita cautela, porque, de outro modo, corremos o risco de afirmar que tudo é literatura: uma entrevista, um artigo de jornal, uma tese de doutorado podem ser literatura... O argumento de Schröder concentra-se principalmente sobre o potencial literário de uma entrevista. Assim, afirma que o escritor, para o qual estão abertos todos os caminhos de elaboração gestáltica da realidade, pode expressar-se artisticamente tanto em uma forma jornalística quanto em uma forma científica e que cabe à ciência da literatura considerar a literaricidade e a estética dos textos assim produzidos.[5] Esquece, porém, que, diversamente do que ocorre com o escritor, esse tipo de opção não é crucial para o entrevistado produzir sua narrativa. O que faz a narrativa literária específica é que ela é feita para ser literatura (e por isso o escritor pode escolher se vai escrever em forma jornalística, científica ou outra qualquer).

---

[2] Schröder, 1992, p. 269.
[3] *Ibid.*, p. 138.
[4] Gumbrecht, 1980.
[5] *Ibid.*, p. 37.

Muitos autores chamam a atenção para a impropriedade do termo "literatura oral", já que "literatura", originário do latim "*littera*" (letra do alfabeto), sempre será da esfera da escrita.[6] Mas há outras formas de separar diferentes domínios. Uma delas é o conceito de "territorialidade discursiva" desenvolvido por Luiz Costa Lima, que desloca a discussão para diferentes modalidades narrativas. Assim, sem correr o risco de afirmar que tudo é literatura, podemos considerar que tudo é narrativa,[7] havendo a narrativa literária, a autobiográfica, a histórica etc., e também a narrativa oral, ou ainda as narrativas de entrevistas de história oral. Cada uma, diz Costa Lima, tem "regras para o uso", nunca exaustivas ou totalmente diferenciadoras, mas que demarcam fronteiras e estabelecem seu "horizonte de conduta esperável".[8]

Ou seja, a narrativa de entrevistas de história oral tem suas regras e a literária tem outras. Por vezes as regras podem ser coincidentes, mas isso não quer dizer que possamos abolir as diferenças. (Se reconhecemos semelhanças entre uma entrevista de história oral e uma sessão de psicanálise, ou entre ela e um interrogatório judicial, nem por isso vamos afirmar que são iguais.)[9] E entre as formas de definição das diferenças, estão as condições de produção do material, que, em uma entrevista, são diversas das de uma autobiografia e das de um romance.

Nesse contexto, não custa lembrar que uma das primeiras tentativas de investigar a sociedade pelo viés da biografia, a de Thomas e Znaniecki nos anos 1920, foi desenvolvida a partir de autobiografias encomendadas e pagas em dinheiro. O camponês polonês Wladeck W. era pago para escrever sua biografia e, como precisava de dinheiro, escreveu uma história

---

[6] Ver por exemplo Ong, 1986.
[7] Ou quase tudo, já que a lei e o poema lírico não o são, segundo Lima, 1989.
[8] Lima, 1989, p. 324.
[9] Lutz Niethammer discorreu sobre essas semelhanças no seu texto "Perguntas-respostas-perguntas". Da psicanálise, a história oral se aproximaria pelo processo associativo, a atenção dada ao discurso e a reconstrução do entrevistado. Dela, contudo, se afastaria, por não ser terapia, não explorar a possibilidade de a história de vida ser determinada por acontecimentos ou situações primitivas, ou ainda por não procurar trabalhar repressões individuais. Com o interrogatório judicial, a história oral teria em comum a necessidade de comparação de diferentes versões e a ideia de que, entre a memória ativa e o esquecimento total, há um campo de memória latente, passível de ser ativado por interações e informações – entre elas fotografias e outros documentos (Niethammer, 1985).

bonita, conforme imaginava que seus compatriotas encomendantes gostariam de ler. Isso não invalida, evidentemente, sua autobiografia como objeto de estudo, mas ninguém duvida hoje em dia que, no mínimo, as condições de produção desse material devem ser consideradas quando de sua análise.[10]

Entre as condições de produção de narrativas literárias está a intenção de produzir literatura. Sendo um texto de ficção, isso significa pelo menos duas coisas: a) que o autor não concede foro de verdade ao que declara e b) que ele se coloca como tarefa tornar real o imaginário (que não é o avesso da realidade, a fantasia, mas que está em constante tensão com o real).[11] Para construir sua história utilizando a "linguagem literária" (uma linguagem que revela ao leitor possibilidades e sentidos diversos daqueles usados no dia a dia), o escritor de ficção se vale de "atos de fingir": ele seleciona e combina elementos do real de acordo com sua tematização do mundo, e assim fazendo transgride o real, criando outra coisa. E mais: ele desnuda a ficcionalidade, quer dizer, ele estabelece com o leitor uma espécie de contrato no qual está dito "isto é ficção". Assim fazendo, ele diz que sua história não é real, devendo ser entendida como se fosse, a fim de que se produza o efeito por ele determinado.[12]

Como se vê, isso pressupõe todo um trabalho do escritor, bastante diverso do trabalho envolvido em uma entrevista de história oral. Ambos resultam em narrativas, sim, mas cujas "regras de uso" são imediatamente reconhecidas como diferentes pelos leitores ou ouvintes. Mesmo quando se está diante de exemplos da "literatura oral" (como a literatura de cordel ou ainda a poesia feita para ser declamada, que requer a percepção de uma duração em um espaço),[13] percebe-se bem que tais narrativas são constituídas com a finalidade de serem literatura, o que não é o caso das entrevistas de história oral.

---

[10] A respeito das circunstâncias em que se desenvolveu a pesquisa de Thomas e Znaniecki, ver Fuchs, 1980.
[11] Maiores detalhes dessa discussão podem ser encontrados em Lima, 1986, p. 187-242.
[12] Ver Iser, 1983.
[13] Ver, a respeito da "poesia oral", Zumthor, 1985.

Outro argumento com que Schröder pretende comprovar a "literaricidade" da "linguagem falada" é o de uma "estética da transcrição", que garantiria a apresentação da entrevista na forma de "literatura documental". Essa "estética" consiste, porém, em um elenco de técnicas de transcrição, comuns a quase todos os programas de história oral, que visam a traduzir o mais fielmente possível a linguagem falada (como marcações para titubeações, correções e pausas, por exemplo, ou ainda regras para a transcrição de números e siglas). Finalmente, a determinação em transformar entrevistas de história oral em literatura leva Schröder a sugerir a criação de um novo gênero literário, o das "autobiografias orais".[14]

Os problemas do extenso livro de Schröder colocam em xeque a legitimidade desse tipo de estudo. Não podemos deixar de reparar a distância entre o investimento intelectual e financeiro da pesquisa, de um lado, e os resultados objetivos, de outro. Os resultados acabam sendo as próprias entrevistas – aliás, produtos de outro projeto –, que precisam falar por si mesmas, já que o pesquisador não sabe o que fazer com elas. Inventar-lhes um gênero é procurar legitimar de forma enviesada um trabalho que consiste em colher os depoimentos, transcrevê-los e publicá-los: agora são literatura! Certamente a história oral tem a ver com narrativa documental, mas não é suficiente reconhecer essa relação. É preciso saber diferenciar.

A defesa de Schröder em favor da "literaricidade" da entrevista tem relação com a ideia de história vista "de baixo", muito difundida no campo da história oral.[15] Na base dessa ideia, podemos identificar o pressuposto de que os "de baixo" são incapazes de deixar registro escrito sobre suas experiências pessoais, razão pela qual necessitam do ouvido (e do gravador) do pesquisador. Seguindo-se a tese de Schröder, a história oral permitiria não apenas o registro de histórias de vida e visões de mundo de camadas sociais menos favorecidas, mas também o reconhecimento da "literaricidade" de sua linguagem falada. Poder-se-ia

---

[14] Em suas palavras: "para a ciência da literatura, a documentação que se segue oferece, em primeiro lugar, de forma geral, algo fundamentalmente novo: ela torna claro que, ao lado dos já conhecidos gêneros de descrição de experiências subjetivas de guerra, existe um outro gênero, até aqui não observado, o das autobiografias orais" (Schröder, 1992, p. 158).
[15] Ver, a esse respeito, o capítulo 3 deste livro.

até falar de uma confluência da "história democrática" com a "literatura democrática". A meu ver, contudo, esse tipo de encaminhamento é uma forma de confundir as coisas. Ao invés de falarem da história dos outros, de uma história mais pluralista, estudos como o de Schröder falam, na verdade, da ação e da intenção do próprio pesquisador. De um lado, falam de seu próprio esforço em encobrir a diferença entre seu saber e o saber dos outros; de outro, falam de sua incapacidade em lidar com o saber dos outros.

Vejamos por quê. Em primeiro lugar, o saber dos outros (dos "de baixo", se quisermos) não é percebido como outro, e sim transformado em gênero literário – apesar do "outro" ter sido solicitado a falar, ter sido entrevistado com um gravador, ter sido contactado pela universidade etc. Evita-se aqui toda espécie de discussão mais objetiva sobre o que é literatura e o que é um escritor, em prol de uma diluição dos conceitos, que garantiria a negação das diferenças. Em segundo lugar, a incapacidade de lidar com o saber do outro fica clara pelo fato de o pesquisador deixar as entrevistas falarem por si, como se o trabalho de colhê-las já demonstrasse esforço intelectual suficiente. Quer-se realmente conhecer o saber dos outros, ou quer-se apenas provar que aquilo que se faz é legítimo e, em seguida, oferecer o material coletado para outras pesquisas?

É claro que o exemplo de Schröder não é o único a cair nesse tipo de equívoco – mas provavelmente é aquele em que a desproporção entre investimento e resultados da pesquisa salta mais aos olhos, dado o tamanho de seu livro. Na verdade, creio que esse tipo de confusão é bastante comum no campo da história oral. Para evitá-la, deveríamos nos perguntar muito mais sobre aquilo que estamos fazendo, sobre os preconceitos velados, sobre os objetivos que se quer alcançar e principalmente sobre a relação entre o volume de investimento e os resultados efetivos.

História oral e narrativa

Se a tese defendida por Schröder parte de uma noção por demais ampla do que seja literatura, por outro lado não há dúvida de que a entrevista de história oral – assim como um artigo de jornal, um texto de história ou uma tese de doutorado – pode ser apreendida como narrativa e, dessa forma, analisada com base no instrumental teórico da área de letras e literatura. Dois textos nos ajudam a caminhar nessa direção.

O primeiro deles faz parte da primeira publicação de maior expressão no campo da história oral na Alemanha, uma coletânea de artigos organizada por Lutz Niethammer e publicada em 1980. Trata-se de um pequeno texto de autoria do escritor Rolf Hochhuth, publicado pela primeira vez como posfácio a seu livro *Um amor na Alemanha* (1978), que relata a história de amor entre uma vendedora de legumes e um prisioneiro de guerra polonês que trabalhava para um comerciante de carvão. Intitulado "Quem conta uma história...", o texto comenta as dificuldades do autor em reconstituir a história de Pauline e Stasiek através de entrevistas com pessoas que dela participaram e/ou a testemunharam. A história passou-se no início dos anos 1940, em plena Alemanha nazista, portanto, em um pequeno vilarejo de Baden-Württemberg. Acusado de adultério, o casal foi julgado e condenado: ele, à forca, e ela, a dois anos e meio de trabalhos forçados em um campo de concentração. Ocorre que, passados 36 anos do fato, nem o então prefeito do vilarejo, nem a vizinha, nem o pequeno fazendeiro, nem qualquer um dos demais personagens que denunciaram o casal e/ou depuseram contra ele, se lembrava daquilo que fez ou viu. Hochhuth observa:

> Fica pois a questão de saber se esse crime se deixa contar, já que quase todas as testemunhas e os participantes ainda vivem; a maioria mente, naturalmente. Calculo que podemos acreditar em metade daquilo que dizem – quem, entretanto, me diz em qual metade? Porque aqueles que mentem premeditadamente falam o mais convincentemente, porque já contam sua versão desde o final da época de Hitler; isso não apenas exercita, mas se impõe como verdade – até para os próprios mentirosos! Os piores acreditam em cada uma de suas palavras. Seus relatos são triunfos da vontade sobre a memória: "eu fiz isso, você conhece o panorama", diz nossa lembrança; "eu não *posso* ter feito isso", diz nosso orgulho; "você não devia ter feito isso", diziam, após

a morte de Hitler, leis que declaravam inválidas as leis de Hitler: e assim a memória cedia...[16]

Ou seja, Hochhuth fala das dificuldades de se contar uma história cujas testemunhas em sua maioria mentem e que, por isso mesmo, só pode ser contada nessa espécie de espaço virtual de um passado não mais reconstituível.

Essa situação quase impossível se estende, entretanto, a todas as narrativas sobre o passado. Contar uma história, diz Hochhuth, é jogar fora. Como a realidade é impossível de ser contada (nenhum narrador consegue carregar o peso da realidade, diz), só se pode contar histórias sobre aquilo que sobrou dos acontecimentos. É por isso que contar, assim como desenhar, significa jogar fora.

Esse dilema não é, evidentemente, estranho à teoria da narrativa: contar uma história é operar por exclusão, é selecionar e ordenar os acontecimentos de acordo com o sentido que se lhes quer conferir e que se quer conferir à própria história. Mas isso não quer dizer que o resultado da exclusão e da seleção não tenha relação com a realidade. Ao contrário, é preciso tomar cuidado para não incorrermos no extremo oposto, passando a sustentar que tudo não passa de versões do passado, ou ainda que toda construção narrativa é "ficção". Pois, como bem lembra Hochhuth, se a história de Pauline e Stasiek jamais fosse contada – mesmo com todas as mentiras, mesmo com todas as exclusões –, aí mesmo é que ela jamais viria à tona.

Creio que o exemplo trazido pelo texto de Hochhuth é forte o suficiente para não nos deixar esquecer a especificidade da história oral: o fato de uma entrevista jamais nos restituir a realidade, mas também o fato de que, sem ela – como sem as histórias dos contemporâneos de Stasiek –, não chegaríamos a pedaços de histórias para sempre esquecidas. Resta saber – e daí minha preocupação constante com a proporcionalidade entre o investimento e os resultados de um trabalho de história oral – se: a) os pedaços aos quais se quer chegar não podem ser alcançados de outro modo, e b) são efetivamente pedaços desse tipo que se está procurando.

---

[16] Hochhuth, 1980, p. 190.

O segundo texto que aproxima a análise de entrevistas de história oral do instrumental teórico da área de letras e literatura é o artigo "Perguntas-respostas-perguntas", de Lutz Niethammer. Nele, o autor chama a atenção para as histórias que existem dentro das entrevistas de história oral:

> Essas histórias são o maior tesouro da história oral, porque nelas se condensam esteticamente enunciados objetivos e de sentido. Ao mesmo tempo, porém, elas são as mais difíceis de interpretar historicamente, porque o momento dessa condensação situa-se em algum lugar entre a data sobre a qual se está narrando e aquela na qual se está narrando.[17]

Niethammer sugere dois níveis de análise dessas "narrativas dentro da narrativa da entrevista". De um lado, o nível hermenêutico – neste caso, interpretativo mesmo –, que não difere das demais críticas históricas: é preciso considerar como se constituiu a entrevista, quem são as pessoas que dela participaram, qual seu conteúdo, para, então, examinar a história contada dentro do contexto da entrevista. O importante aqui é determinar a exatidão do período a que a história se refere: se o entrevistado relata um acontecimento com pessoas que à época não poderiam ter existido, existe um desvio temporal, ou ainda, se uma história sobre acontecimento dos anos 1920 é contada com expressões comuns aos anos 1950, isso pode indicar que seu significado foi constituído em comunicações dos anos 1950.

O autor fornece um exemplo dessa interpretação de histórias dentro da entrevista. No projeto Lusir,[18] chamou-lhe a atenção a recorrência com que alguns entrevistados se lembravam de soldados negros como os primeiros aliados a ocupar a Alemanha, observando que, ao contrário do esperado, eles eram simpáticos com as crianças. Como outras fontes históricas não apontassem para uma maioria de negros entre os soldados aliados, essas narrativas dentro das narrativas das entrevistas necessitavam

---

[17] Niethammer, 1985, p. 407.
[18] Sobre o projeto Lusir, ver capítulo 3 deste livro.

de explicação. Niethammer encontrou-a na propaganda nazista do final da guerra, que vinculava a libertação do fascismo a uma inversão da hierarquia das raças, porque difundia a expectativa de estupros por parte de raças inferiores (não apenas negros, mas também eslavos). A recorrência dessas histórias nas entrevistas revelou, portanto, que a difusão dessa propaganda foi bastante significativa.

O segundo nível de análise das histórias dentro da entrevista seria o nível estético. Segundo Niethammer, o processo de conhecimento do passado que ocorre durante uma entrevista, tanto por parte do entrevistado quanto por parte do entrevistador, pode ser transmitido a terceiros (a leitores, ouvintes, espectadores) de modo especialmente bem-sucedido quando as histórias exemplares da entrevista são apresentadas ao lado das propostas de interpretação dos historiadores. Essas histórias exemplares têm um componente estético – isto é, elas são *boas* histórias – quando seu significado se compreende à medida que se desenvolve a própria narrativa, e não quando se pode traduzi-las por uma "moral" ou reduzi-las a um conceito. Boas histórias, diz Niethammer, são aquelas cujo sentido está coagulado à forma.

Um exemplo simpático, ainda que pouco denso, pode ser encontrado na entrevista de Antonio Freschi, topógrafo nascido em São Paulo em 1915, que ingressou na Companhia Siderúrgica Nacional (CSN) em março de 1942, na época em que a usina estava sendo construída. A entrevista integra um conjunto de depoimentos de pioneiros e construtores da CSN, gravados pelo CPDOC entre 1998 e 1999. Ressalta desses depoimentos o caráter inédito da construção de uma grande siderurgia em um país até então agrário-exportador e cujas indústrias eram de bens de consumo não duráveis. Até a fundação da usina de Volta Redonda, o Brasil só dispunha de siderurgias a carvão vegetal, sendo a maior delas a Belgo-Mineira. Montar uma grande siderúrgica envolvia muitos desafios, técnicos e humanos. Uma deliciosa história contada pelo topógrafo Freschi condensa de modo exemplar esse significado. Podemos dizer que se trata de uma "boa" história dentro da entrevista:

> Eu vim para cá em 1942, cheguei aqui em Volta Redonda em 16 de março de 1942. Vim para cá, me apresentei ao chefe de topografia na ocasião, que era o engenheiro Jorge Chata-

nier, e ele me perguntou: "O senhor trabalhou onde?" "Eu trabalhei na Light, no Ministério da Guerra, na Secretaria de Educação." "O senhor fala inglês?" "Falo." "Então, o senhor vai para a coqueria e se apresenta ao *mister* Morton." Naquele tempo não tinha muita etiqueta nem carta de apresentação. "O senhor se apresenta ao *mister* Morton." Eu saí e, fora do escritório, lá fora, eu pensei: "Puxa vida, onde é essa coqueria?" [risos] Eu já era um profissional experimentado, mas de siderurgia não entendia nada. "Onde fica esse *mister* Morton? Não perguntei onde é a coqueria!" Mas, casualmente, eu olhei para a direita e vi um coqueiral lá embaixo. Aí eu falei: "A coqueria é lá, naquele monte de coqueiro." [risos] E lá fui eu para coqueria, onde tinha os coqueiros. Lá chegando, tinha um senhor fumando um charuto, mal encarado, e eu procurando o tal *mister* Morton e ele me perguntou: "*What are you looking for?*" E eu disse: "*I'm looking for mister Morton.*" Então, ele respondeu: "*I am mister Morton.*" Ele era o *mister* Morton e lá foi feita a coqueria, no coqueiral. [risos] E eu pensei que o coqueiral fosse a coqueria.[19]

Para Niethammer, o entrevistado está submetido a três condicionantes na narrativa de suas histórias. Em primeiro lugar, ele deve formar um todo dos diversos acontecimentos, que seja capaz de abrigar o ponto culminante de sua história. Em seguida, para conduzir a atenção do ouvinte para o apogeu de sua história, ele precisa condensar os demais elementos importantes. Por último, ele necessita encaixar em sua narrativa informações que são requisitos para a compreensão da história, as quais ele imagina serem desconhecidas por parte de seu interlocutor. Da combinação dos três condicionantes resulta, para a estética de tais histórias, de um lado, a possibilidade de se visualizar sua unidade de sentido – isto é, o fato de elas serem *citáveis* – e, de outro, a construção

---

[19] A entrevista de Antonio Osvaldo Freschi está disponível para *download* no Portal do CPDOC: www.cpdoc.fgv.br. Sobre o conjunto de entrevistas com pioneiros e construtores da CSN, ver meu artigo "A construção da grande siderurgia e o orgulho de ser brasileiro: entrevistas com pioneiros e construtores da CSN" (Alberti, 1999), também disponível no Portal do CPDOC.

de relações complexas a partir de percepções concretas. Com efeito, podemos dizer que a história de Freschi é "citável".

Niethammer ainda ressalta que a dimensão estética das histórias dentro da entrevista acrescenta um novo tipo de compreensão àquele viabilizado pela interpretação histórica, qual seja, a compreensão de "qualquer um". Qualquer pessoa é capaz de descobrir, por suas especificidades individuais e sociais, novos sentidos e informações, além dos fornecidos pelo entrevistado e pelo historiador. Por essa razão – e porque "qualquer um" também pode controlar a interpretação proposta pelo historiador com base na própria história do entrevistado –, Niethammer sugere que o processo de produção na história oral seja compreendido muito mais como um triângulo, do qual faz parte o "receptor" das interpretações do historiador e das histórias do entrevistado, do que como uma simples polaridade entre sujeito (o historiador) e objeto (o entrevistado).

Creio que podemos extrair duas conclusões dessa discussão. Em primeiro lugar, o fato de o público da história oral, receptor das propostas de interpretação do historiador e das histórias do entrevistado, ser efetivamente muito mais numeroso do que o público de produções estritamente acadêmicas. O fato de "qualquer um" poder – e querer, principalmente – avaliar histórias e interpretações, porque elas, de alguma forma, dizem respeito a suas próprias histórias, é muito provavelmente uma das razões do sucesso da história oral.

Em segundo lugar, a ênfase dada por Niethammer às histórias dentro da entrevista constitui, sem dúvida nenhuma, uma boa indicação para os que se preocupam em aproveitar o potencial da história oral produzindo interpretações consistentes do material gravado. Entrevistas de história oral são fontes que documentam o passado – experiências pessoais, acontecimentos, conjunturas – e as concepções sobre passado através de sequências narrativas, isto é, pequenas histórias cujo sentido está atrelado à forma com que são narradas, sendo impossível dar conta do primeiro (o sentido) sem considerar a segunda (a forma). Por isso, dizer que uma *boa* história dentro da entrevista é aquela que é *citável*, não significa dizer que ela é útil para ilustrar uma tese, e sim que ela é *essencial*.

Referências bibliográficas

Alberti, Verena - 1999 - "A construção da grande siderurgia e o orgulho de ser brasileiro: entrevistas com pioneiros e construtores da CSN". Trabalho apresentado no GT "Trabalho", durante o V Encontro Nacional de História Oral, realizado na Faculdade de Filosofia e Ciências Humanas (Fafich) da Universidade Federal de Minas Gerais, de 24 a 26 de novembro de 1999 (disponível para *download* em www.cpdoc.fgv.br).

Fuchs, Werner - 1980 - "Möglichkeiten der biographischen Methode", in: Niethammer, Lutz (org.). *Lebenserfahrung und kollektives Gedächtnis. Die Praxis der "Oral History"*. Frankfurt a.M., Syndikat, p. 323-348.

Gumbrecht, Hans Ulrich - 1980 - "Erzählen in der Literatur / Erzählen im Alltag", in: Ehlich, Konrad (org.). *Erzählen im Alltag*. Frankfurt a.M., Surkamp, p. 403-419.

Hochhuth, Rolf - 1980 [1978] - "Wer eine Geschichte erzählt...", in: Niethammer, Lutz (org.). *Lebenserfahrung und kollektives Gedächtnis. Die Praxis der "Oral History"*. Frankfurt a.M., Syndikat, p. 187-191.

Iser, Wolfgang - 1983 - "Os atos de fingir ou o que é fictício no texto ficcional", in: Lima, Luiz Costa (org.). *Teoria da literatura em suas fontes*. 2ª ed. rev. e ampl., Rio de Janeiro, Francisco Alves, v. 2, p. 384-416.

Lima, Luiz Costa - 1986 - *Sociedade e discurso ficcional*. Rio de Janeiro, Editora Guanabara.

_____ - 1989 - *A aguarrás do tempo. Estudos sobre a narrativa*. Rio de Janeiro, Rocco.

Niethammer, Lutz - 1985 - "Fragen-Antworten-Fragen. Methodische Erfahrungen und Erwägungen zur Oral History.", in: Niethammer, Lutz & Plato, Alexander von (orgs.). *"Wir kriegen jetzt andere Zeiten". Auf der Suche nach der Erfahrung des Volkes in Nachfaschistischen Ländern*. Lebensgeschichte und Sozialkultur im Ruhrgebiet 1930 bis 1960 (Lusir), Bd. 3., Berlin-Bonn, J. H. W. Dietz Nachf., p. 392-445.

Ong, Walter J. - 1986 - *Orality and literacy. The technologizing of the word*. London & New York, Methuen, 2ª ed.

Schröder, Hans Joachim - 1992 - *Die gestohlenen Jahre. Erzählgeschichten und Geschichtserzählung im Interview: Der Zweite Weltkrieg aus der Sicht ehemaliger Mannschaftssoldaten.* Tübingen, Max Niemeyer.

Zumthor, Paul - 1985 - "Die orale Dichtung: Raum, Zeit, Periodisierungsproblem", in: Gumbrecht, Hans-Ulrich & Link-Heer, Ursula. *Epochenschwellen und Epochenstrukturen im Diskurs der Literatur-und Sprachhistorie.* Frankfurt a.M., Suhrkamp, p. 359-375. Ver também, de Paul Zumthor, *Introduction à la poésie orale* (Paris, 1983).

Além das versões: possibilidades da narrativa em entrevistas de história oral[*]

O trabalho com a história oral consiste na gravação de entrevistas de caráter histórico e documental com atores e/ou testemunhas de acontecimentos, conjunturas, movimentos, instituições e modos de vida da história contemporânea. Um de seus principais alicerces é a *narrativa*. Um acontecimento ou uma situação vivida pelo entrevistado não pode ser transmitido a outrem sem que seja narrado. Isso significa que ele se constitui (no sentido de tornar-se algo) no momento mesmo da entrevista. Ao contar suas experiências, o entrevistado transforma aquilo que foi vivenciado em linguagem, selecionando e organizando os acontecimentos de acordo com determinado sentido. Esse *trabalho da linguagem* em cristalizar imagens que remetem a, e que significam novamente, a experiência é comum a todas as narrativas – e sabemos que algumas vezes é mais bem-sucedido do que outras (assim como algumas entrevistas de história oral são certamente mais bem-sucedidas do que outras). Mas talvez não tenhamos dado ainda a devida atenção para esse trabalho da linguagem nas chamadas "fontes orais".

---

[*] Este capítulo foi originalmente apresentado no Simpósio Temático "Narrativas na história oral", durante o XXII Simpósio Nacional de História da Associação Nacional de História (ANPUH), de 27 de julho a 1º de agosto de 2003. Uma versão um pouco modificada foi apresentada ao XIII Congresso Internacional de História Oral "Memória e Globalização", realizado em Roma, de 23 a 26 de junho de 2004.

Lembrando que entrevistas são fontes

Antes de mais nada, convém lembrar que as entrevistas, como toda fonte histórica, são pistas para se conhecer o passado.[1] No caso da história oral (como em muitos outros), as pistas são relatos do passado, surgidos *a posteriori*, portanto.[2] O passado existiu independente dessas pistas, mas hoje só pode existir por causa delas e de outras. Assim, se dizemos que a narrativa, na história oral, acaba constituindo o passado, isso *não* significa que o passado não tenha existido antes dela. Esquecer essa diferença é tomar a narrativa, ou as narrativas, como a própria realidade, ou as realidades. E quando se opta pelo plural é porque se conclui que todas as narrativas são "válidas" – melhor dizendo, são "versões" – e que não cabe ao pesquisador julgá-las. É claro que é interessante conhecer diferentes versões sobre um acontecimento ou situação. Mas seria bom não nos contentarmos em colhê-las, assim como não basta compilar artigos de jornal ou acórdãos de um tribunal, por exemplo, para dar conta de um acontecimento ou conjuntura do passado.

Especificidade da fonte

Se as entrevistas, tomadas como fontes, são uma forma de nos aproximarmos da realidade (do passado e do presente – ver nota 1), cabe perguntar o que podemos aprender especialmente com elas. Por que procuramos uma pessoa e pedimos que nos conte sua experiência em determinado acontecimento ou situação? Já se observou que o que se pede ao entrevistado é muito estranho: que conte sua vida a alguém que mal conhece e ainda por cima diante de um gravador.[3] As pessoas não costumam fazer isso sequer com filhos e netos (no máximo contam episódios; raramente "toda" a biografia). Diante do entrevistador, contudo,

---

[1] Entrevistas de história oral também são fontes para se conhecer o presente, como testemunha a larga aplicação do método nas ciências sociais.
[2] Sobre a caracterização das fontes históricas em resíduos, de um lado, e relatos, de outro, de ações do passado, ver Hüttenberger, 1992, texto que discuto no capítulo 2 deste livro.
[3] Ver, por exemplo, Pollak, 1992, p. 213; e Portelli, 2001, p. 12.

têm a tarefa de "dar conta" de tudo e de responder a perguntas... O que está em jogo especialmente aí? O trabalho de transformar lembranças, episódios, períodos da vida (infância, adolescência etc.), experiências, enfim, em linguagem. Em situações desse tipo (como em inúmeras outras) a linguagem não "traduz" conhecimentos e ideias preexistentes. Ao contrário: conhecimentos e ideias tornam-se realidade à medida que, e porque, se fala. O sentido se constrói na própria narrativa; por isso se diz que ela constitui (no sentido de produzir) racionalidades.[4]

Aprendemos com a narrativa dos nossos entrevistados? Em que momentos, ou em que entrevistas, nosso ganho é maior do que o de simplesmente conhecer mais uma "versão" do passado? Este texto sugere que uma das possíveis respostas é: quando a narrativa vai além do caso particular e nos fornece uma chave para a compreensão da realidade. E talvez isso aconteça mais incisivamente quando percebemos o trabalho da linguagem em constituir racionalidades.

"Instrumental teórico"

Alguns conceitos e noções do terreno da teoria da literatura podem nos ajudar a compreender melhor o que foi proposto acima como resposta. Vários autores têm destacado que a linguagem, em vez de *representar* uma realidade preexistente, é ela mesma ato, produção de algo. Tal diferença, que *mutatis mutandis* remonta aos diálogos entre Platão e os sofistas – uma dicotomia entre a linguagem "transparente", de um lado, e a retórica e a persuasão, de outro – e se encontra em Nietzsche e Wittgenstein, entre outros, tem claras implicações epistemológicas, pois a ideia da linguagem como ação confere a ela um estatuto de produtora de realidade.

Em 1930, o historiador da arte e teórico da literatura André Jolles publicou, na Alemanha, o livro *Einfache Formen* (*Formas simples*), traduzido para diversas línguas, inclusive o português.[5] "Formas simples", são,

---

[4] Ver Lima, 1989.
[5] Johannes Andreas Jolles, ou André Jolles, nasceu em Nieuwediep, na Holanda, em 1874, e transferiu-se para a Alemanha nos anos 1910, vindo a falecer em Leipzig em 1946. *Formas simples* foi publicado em 1976 pela Editora Cultrix (São Paulo).

para o autor, aquelas que "não são apreendidas nem pela estilística, nem pela retórica, nem pela poética, nem mesmo pela 'escrita', talvez."[6] Ele estuda nove delas: legenda, saga, mito, adivinha, ditado, caso, memorável, conto de fadas e chiste. Uma forma simples nasce sempre que, sob a égide de uma atividade mental, a multiplicidade e a diversidade do ser e dos acontecimentos se condensa em "gestos verbais", unidades indivisíveis que significam e remetem novamente ao ser e aos acontecimentos. Por exemplo: expressões como "um ladrão", num texto que conta a história de um roubo de carteira, ou "ele abate o dragão", na história da vida de São Jorge, são unidades indivisíveis do acontecimento que sempre aparecem quando a história é contada. Segundo Jolles, esses "gestos verbais" são resultado do *trabalho da linguagem* em selecionar, no plano dos acontecimentos, aqueles que encerram o sentido que a atividade mental lhes quer imprimir.

O estudo das formas simples permite, segundo Jolles, investigar em detalhes o "itinerário que vai da linguagem à literatura".[7] Elas mostram que a linguagem produz (como o agricultor), fabrica (como o artesão) e significa (no sentido de constituir significados), independentemente do escritor ou poeta. Já nas "formas artísticas" ou "literárias", condicionadas pelas escolhas e intervenções pessoais do artista, não é mais na linguagem mesma que se condensa e cristaliza algo; nelas, o máximo de concisão é alcançado por uma atividade artística não mais repetível.

Na fronteira entre as formas simples e as artísticas, Jolles situa o memorável, ou, no original, *memorabile*, tradução latina do grego *Apomnemoneuma*, título de livro de Xenofonte que objetivava apresentar a personalidade de Sócrates não a partir de uma abordagem pessoal (como havia feito Platão), mas a partir dos acontecimentos, tal como Xenofonte os conservava na memória. O resultado é que a personalidade de Sócrates se impõe, endurece e cristaliza, na sucessão de acontecimentos. Ou seja, na forma simples *memorabile*, o acontecimento sempre progressivo condensa-se em determinados pontos, onde é apreendido pela linguagem. A sucessão de acontecimentos está orientada por uma finalidade

---

[6] Jolles, 1976, p. 20.
[7] *Ibid.*, p. 19.

superior, um sentido que se imprime à narrativa, e acaba imobilizada por este sentido.[8]

Dois exemplos ajudam a entender melhor. Um deles é de um recorte de jornal analisado por Jolles, que relata o suicídio de um conselheiro de comércio. O recorte traz detalhes que poderiam ser eliminados em um relatório mais formal: para evitar constrangimento à esposa, o conselheiro suicidou-se em uma noite em que ela estava no concerto; o tiro foi ouvido pela vizinha, uma atriz famosa, que foi a primeira a chamar médico e polícia. O outro exemplo é o da história do assassinato, em fins do século XVI, do príncipe Guilherme de Orange, ou Guilherme I de Nassau, que liderou o levante das Províncias Unidas contra a sangrenta repressão aos protestantes por parte da Coroa espanhola. Não se trata, diz Jolles, de analisar a narrativa do ponto de vista da ciência ou da filosofia da história. O que lhe interessa é observá-la enquanto fato de língua. O assassinato do príncipe de Orange encarna o sentido do todo da luta das Províncias Unidas. Como o recorte de jornal, ele é um "recorte" da história: nele, a sucessão de acontecimentos endureceu, coagulou.

Novamente detalhes poderiam ter sido suprimidos da história, mas são frequentemente repetidos quando ela é narrada. Tendo sido oferecidas recompensas pela morte do príncipe por parte do rei espanhol Filipe II e após um primeiro atentado frustrado, o homem que logrará matá-lo planeja minuciosamente o crime. Aproxima-se da corte fazendo-se passar por protestante perseguido. Um dia é surpreendido em um setor pouco acessível do palácio investigando as possibilidades de fuga e justifica-se lançando mão de uma mentira: estaria muito mal vestido para aparecer na frente dos aposentos do príncipe. Ao tomar conhecimento do fato, Guilherme de Orange manda entregar-lhe dinheiro para que providencie melhores roupas, mas com a quantia o assassino compra a arma do crime. No dia do assassinato, o príncipe vestia seus trajes de gala, tinha acabado de ter uma conversa animada no jantar e dirigia-se para a escadaria do

---

[8] Característica semelhante foi apontada por Ricardo Benzaquen de Araújo com relação à narrativa histórica, em sua análise sobre Capistrano de Abreu: a explicação dada para o passado pelo historiador faz com que a flecha do tempo linear finalmente pare, aceitando uma conclusão (Araújo, 1988, p. 49).

andar superior, quando foi atingido mortalmente por dois tiros da pistola do assassino, que estava escondido em um recanto escuro.

Vamos à eficácia dos detalhes. O assassino confessou posteriormente que estava decidido a matar o príncipe. O fato de ter comprado a pistola com o dinheiro que este lhe dera não teria mudado o curso dos acontecimentos, mas, na narrativa, é eficaz para marcar a oposição entre a bondade do príncipe e a malevolência do assassino (que mente e não hesita em comprar a arma com o dinheiro dado pela vítima). A conversa animada e o traje de gala são eficazes para marcar o contraste entre o movimento da vida e a morte repentina, entre a alegria e o assassinato. O mesmo se pode dizer do recorte de jornal: o contraste entre o suicídio, de um lado, e o concerto e a atriz famosa, de outro. No *memorabile*, todos os pormenores do acontecimento sublinham, por discussão, comparação e confronto, a finalidade superior; eles a preenchem e são por ela preenchidos.

O *memorabile* é também a forma simples onde o *concreto* se realiza. Não vemos mais o príncipe como o representante da revolta das Províncias Unidas, mas como um homem que usa roupas de gala, que tem um andar solene... Os objetos do *memorabile* são os documentos, que tornam concreto o acontecimento (por exemplo, as roupas do príncipe ou um buraco de bala na parede).[9]

Jolles observa que a forma *memorabile*, surgida na época moderna, tornou-se tão corrente que parece não ser mais possível apreender o acontecimento de outra maneira. As demais formas simples acabaram subordinadas a ela e hoje são vistas como não sendo verdadeiras, fidedignas etc. É o que ele chama, a certa altura, de "tirania da História". Mesmo as formas artísticas recorrem frequentemente aos processos característicos do *memorabile*: um acontecimento imaginário, para tornar-se digno de crédito, é cercado de indicações pormenorizadas, que contêm e sublinham, por discussão, comparação e confronto, o sentido da narrativa.[10]

---

[9] Cada uma das formas simples tem, segundo Jolles, um objeto específico – o da legenda é a relíquia, o do mito é o símbolo, e assim por diante.
[10] A análise que Jolles faz de cada uma das formas simples é bastante arguta e permite verificar o que estamos "perdendo" com a hegemonia do *memorabile*. Veja-se, por exemplo, em que consistem, para ele, as formas simples mito, adivinha e ditado. Na origem do mito, diz Jolles, está

Intervalo

É claro que não podemos simplesmente afirmar que as entrevistas de história oral são exemplos da forma simples *memorabile*. Mas não há dúvida de que o "instrumental teórico" da teoria da literatura pode nos ajudar a identificar características importantes. Podemos dizer que a entrevista de história oral se torna mais pregnante quando o fluxo dos acontecimentos está ordenado por, e ao mesmo tempo ordena, um sentido. E porque não estamos lidando com "formas artísticas", resultado de um trabalho de aprimoramento do texto, cujo objetivo é chegar a um resultado único e definitivo, podemos, ao conduzir e ouvir nossas entrevistas, observar, em alguns casos, o processo mesmo de constituição de sentido através da sucessão de acontecimentos. Voltemos à pergunta anterior: em que momentos de nossas entrevistas de história oral *aprendemos* algo sobre a realidade, para além de apenas conhecer mais uma "versão"? Quando a relação entre acontecimentos e sentido se condensa, ou se imobiliza, em acontecimentos-chave (o assassinato do príncipe de Orange), em gestos

---

uma pergunta feita pelo homem ao mundo acerca da natureza profunda de seus fenômenos. O mito é a resposta que apazigua a pergunta original. Trata-se, pois, da forma simples na qual, por intermédio de pergunta e resposta, o mundo é criado ao homem. A adivinha (ou enigma) é outra forma que se atualiza em perguntas e respostas. Entretanto, ao contrário do mito (uma resposta que contém uma pergunta original), a forma simples da adivinha é uma pergunta que contém uma resposta: o perguntado sabe que alguém antes dele já soube a resposta. O mito fala da relação entre o homem e o mundo, enquanto a adivinha trata da relação (de poder) entre dois homens (um que sabe e outro que não sabe). Já o ditado (ou provérbio) é a forma simples do mundo da empiria; ele encerra uma experiência, sem que com isso deixe de ser um caso particular. Ao contrário do que possa parecer, o provérbio não é didático, não é um ponto de partida para um aprendizado; sua tendência é a retrospecção e a resignação. Quando se diz "Não se deve cantar vitória antes da batalha", em geral é porque o que não se deve fazer já ocorreu. Seu estilo é afirmativo (e nisso se distancia do mito e da adivinha, que são dialógicos) e a linguagem utilizada é única – toda palavra é sempre *hic et nunc* (aqui e agora). Em "A mentira tem pernas curtas", por exemplo, duas coisas sem qualquer ligação são reunidas e o resultado é um significado que só se constitui enquanto experiência. Jolles observa que a forma simples ditado é hoje mais comum do que a saga ou a legenda. Isso ocorre porque ela nos poupa de elaborar vivências e percepções. Não precisamos tirar consequências conceituais das experiências; com o ditado ou o provérbio, as experiências podem ser arquivadas como experiências apenas. Ou seja, essas formas simples mostram que existem outras atividades mentais para além da organização de acontecimentos do *memorabile* ou da história. O ditado ou provérbio não ordena experiências de acordo com um sentido; apenas deixa-as como estão. Mito e adivinha não tratam de acontecimento, mas de pergunta e resposta. E assim por diante.

verbais ("ele abate o dragão"), unidades indivisíveis sem as quais não podemos apreender novamente o sentido. Quando isso acontece, a entrevista nos fornece passagens de tal peso que são "citáveis".

Em um artigo em que faz considerações metodológicas sobre a história oral, Lutz Niethammer, que durante muitos anos coordenou o projeto Lusir, na Alemanha,[11] identifica quatro componentes do "texto" da entrevista. Em primeiro lugar, trata-se do registro de uma interação social (entre entrevistado e entrevistador); em segundo, de uma ou mais versões da história de vida do entrevistado; em terceiro lugar, o texto reúne uma variedade de informações, que podem ser verdadeiras ou não (e cabe ao pesquisador indagar-se sobre sua plausibilidade, comparando-as com outras fontes); em quarto lugar, finalmente, quase toda entrevista contém histórias. "Essas histórias", diz Niethammer, "são o grande tesouro da história oral, porque nelas se fundem, esteticamente, declarações objetivas (podemos dizer: os acontecimentos) e de sentido."[12] "Boas histórias", continua, não se deixam *traduzir* por uma "moral", porque o significado do que é narrado se cristaliza no conjunto da narrativa. E porque, nessas histórias, o sentido é apreendido do conjunto, elas são especialmente "citáveis", têm força estética. Apresentadas ao público juntamente com propostas de interpretação histórica, permitem que haja uma ampliação do conhecimento.

Voltando à teoria da literatura

Além de Jolles, outros autores conferem ao acontecimento um lugar central na narrativa e enfatizam a relação intrínseca entre a organização dos fatos e a cristalização do sentido, ou dos conceitos. Karlheinz Stierle (1936), professor de literatura na Universidade de Konstanz, Alemanha, desenvolve essas ideias em um artigo, à luz de um pequeno texto de Johann Peter Hebel (1760-1826), escrito para sua série de "histórias de calendá-

---

[11] Sobre esse projeto, ver o capítulo 3 deste livro.
[12] Niethammer, 1985, p. 407.

rio".[13] O texto conta a história de um mineiro e de sua noiva, na Suécia. Numa manhã do ano de 1760, o mineiro passou pela última vez na casa da noiva, para se despedir antes de ir para o trabalho, onde encontraria a morte. A moça, que costurava um lenço de seda para o noivo usar no dia do casamento dali a oito dias, aguardou em vão seu retorno e não o esqueceu jamais. Entrementes, diz o texto, ocorreu o terremoto de Lisboa, a Guerra dos Sete Anos, a extinção da Companhia de Jesus, a América libertou-se, começou a Revolução Francesa, Napoleão conquistou a Prússia, os camponeses plantavam, o moleiro moía, os ferreiros martelavam e os mineiros cavavam a montanha em busca de metais. Quando, entretanto, no ano de 1809, eles encontraram o cadáver de um jovem embebido em água vitriolada, que se podia reconhecer claramente, como se tivesse morrido uma hora antes ou adormecido um pouco, ninguém o reconheceu: pai, mãe, conhecidos e amigos já haviam morrido há muito. Foi então que sua noiva, cinza e encurvada, apareceu na praça e, depois de se debruçar sobre o amado, revelou: "É meu noivo, cuja morte eu chorei durante 50 anos e que agora Deus ainda permite que eu veja, antes do meu fim." No dia seguinte, envolveu o pescoço do jovem com o lenço de seda, antes de acompanhá-lo ao cemitério, e despediu-se dizendo que em breve o encontraria.

Essa narrativa de Hebel é especialmente pregnante, diz Stierle, porque ela conserva o acontecimento presente, como se ele se sobrepujasse à história. A justaposição de fatos "históricos" no meio da narrativa (o texto relaciona um número bem maior do que o resumo feito) tem um significado subordinado, dado pela própria enumeração: sua função na narrativa é mostrar o quanto a passagem do tempo é insignificante. O eixo de uma

---

[13] Stierle, 1977, p. 210-233. As *Kalendergeschichten*, histórias de calendário (semelhantes às nossas histórias de almanaque), eram histórias curtas, em que se narravam acontecimentos interessantes, muitas vezes originários de experiências de pessoas comuns, com a intenção de divertir ou de instruir. Hebel destacou-se como autor dessas histórias e seus textos até hoje são objetos de estudo. A história em questão está publicada no Brasil na excelente antologia do conto mundial organizada por Aurélio Buarque de Holanda Ferreira e Paulo Rónai: Johann Peter Hebel. "Encontro inesperado." in: Ferreira & Rónai (org.). *Mar de histórias: antologia do conto mundial, II*: do fim da Idade Média ao Romantismo. 4ª ed., Rio de Janeiro, Nova Fronteira, 1998, p. 266-268.

narrativa, diz Stierle, é a diferença entre o ponto de chegada (seu fim) e o ponto de partida (seu princípio). Apenas quando essa diferença pressupõe uma mudança conceitual, quando algo mudou de forma relevante, é que vale a pena contar uma história. E o que mudou, neste caso? Qual conceito abstrato organiza a narrativa? A oposição entre vida e morte: o cadáver passa da morte para a vida, a noiva velha percorre o sentido inverso, e o futuro que se descortina é a suspensão da morte, concretizada na esperança cristã da vida eterna.

O que temos, então? Uma história em que o plano dos acontecimentos é relevado ao máximo e que, mesmo assim, está carregada de sentido. Observe-se que o sentido é dado por um par de oposição: vida e morte (o mesmo que marca, entre outros, a narrativa do príncipe de Orange). Stierle enumera outras possibilidades: guerra e paz, crime e pecado, vermelho e preto... Ainda que o narrador possa escolher o sistema de conceitos sob o qual construirá sua narrativa, podemos dizer que dispõe de um número limitado de possibilidades. Stierle faz remontar a ideia dos conceitos abstratos à teoria dos mitos de Claude Lévi-Strauss, que, como se sabe, pressupõe unidades de oposição estruturalmente determinadas (limitadas, pois): vida-morte, homem-mulher, dia-noite etc.

Com propósitos diferentes (porque concernentes à teoria da história, e não à teoria da narrativa ou dos mitos), mas num movimento semelhante, Reinhart Koselleck identifica cinco categorias como fazendo parte das condições de surgimento dos acontecimentos no passado: (1) a inevitabilidade da morte e a possibilidade de matar e de ser morto (faculdades responsáveis por muitas das histórias que conhecemos), (2) a sucessão de gerações, e as oposições entre (3) amigo e inimigo, (4) fora e dentro (ou público e privado) e (5) em cima e embaixo (nas organizações políticas).[14] Essas categorias ou pares de oposição permitem que surjam histórias.

Podemos inferir algumas implicações dessa discussão para o caso das narrativas "citáveis" que aparecem em algumas entrevistas de história oral.

---

[14] Koselleck, 1987. Discorro sobre esse texto de Koselleck no artigo "A existência na história: revelações e riscos da hermenêutica" (Alberti, 1996).

Não que as cinco categorias de Koselleck ou os pares de oposição da teoria dos mitos de Lévi-Strauss esgotem todas as possibilidades. Mas talvez seja possível dizer que algumas das "boas histórias" de nossas entrevistas são atreladas a sistemas de conceitos básicos na apreensão do mundo (como vida e morte, certamente).

Uma imagem, para reter o principal

No início de seu livro, André Jolles identifica três direções da ciência (ou teoria) da literatura: a estética, a histórica e a morfológica, que interpretam os fenômenos literários de acordo com sua beleza, com as condições históricas e individuais de produção e com sua forma, respectivamente. É na última direção, a morfológica, que Jolles situa sua pesquisa.

A primeira direção surgiu no século XVIII, quando a pergunta sobre a essência da arte, que já existia desde o Renascimento, se transformou na pergunta sobre a experiência estética. Nesse momento, os suportes da obra de arte (a mídia) passaram a ser objetos de reflexão, sendo comparados e investigados quanto a seu desempenho. Dois deles tiveram então uma função primordial: a pintura e a literatura.

É nesse contexto que o escritor Gotthold Ephraim Lessing (1729-1781) escreveu um livro que se tornou clássico: *Laocoonte, ou sobre a fronteira entre pintura e poesia*, publicado pela primeira vez em 1766.[15] Laocoonte é uma figura lendária da Antiguidade. Sacerdote em Troia, teria aconselhado os troianos a não recolherem o cavalo de madeira que trazia guerreiros em seu interior, e por isso teria sido castigado pelas divindades protetoras dos gregos, que enviaram duas monstruosas serpentes marinhas para matá-lo junto com dois filhos. A história foi contada em poema de Virgílio e representada em famosa escultura do século II a.C., na qual se veem um belo Laocoonte e seus dois filhos contorcendo-se de dor e debatendo-se com as serpentes. Vista por muitos como exemplo da perfeição da arte na Antiguidade, por causa de sua força expressiva e

---

[15] Lessing, 1990. Sobre o livro muito já foi escrito. Merece destaque a coletânea *Das Laokoon-Projekt. Plane einer semiotischen Ästhetik*, organizada por G. Gebauer (Stuttgart, J. B. Metzlersche Verlag, 1984), com artigos de Tzvetan Todorov e Karlheinz Stierle, entre outros.

sua dramaticidade, a escultura é o ponto de partida do texto de Lessing, que se pergunta por que seu autor não representou o sacerdote gritando, como aparece no poema. Porque, responde, era preciso combinar beleza e dor; se o escultor abrisse a boca de Laocoonte em um grito, ele ficaria para sempre gritando, a escultura seria feia e repugnante, fazendo com que desviássemos dela nosso olhar.

Esse é o ponto de partida para Lessing discutir a diferença entre as artes plásticas e a literatura. Ao contrário do escultor ou do pintor, que representa uma parte da ação parada e visível, o poeta não precisa se concentrar em um único momento; ele pode falar de várias ações, do início até o final, inclusive daquilo que não é visível (da música, por exemplo). Cada arte tem sua especificidade: o objeto da pintura são corpos no espaço, enquanto o objeto da literatura são as ações no tempo. Quando o escritor descreve o espaço (uma paisagem, por exemplo), precisa de muito tempo para tornar claras cada uma das partes e, quando chega ao fim, geralmente já esquecemos o começo. Para o olho que vê uma pintura, ao contrário, os objetos observados permanecem presentes na apreensão do todo. O próprio da poesia é, portanto, a progressão do tempo, enquanto o próprio da pintura é a beleza no espaço.

Estabelecidas essas diferenças, podemos dizer que, para o poeta e para o pintor, representar o objeto próprio da outra arte produzindo um efeito estético é um desafio. Na arte, diz Lessing, é preciso suscitar a imaginação: se Laocoonte suspira, a imaginação pode ouvi-lo gritar, mas se já gritasse, não haveria mais nada a imaginar, a não ser vê-lo morto. O quadro belo talvez seja aquele que sugere a progressão do tempo – justamente aquilo que não é objeto da pintura. Pensemos, por exemplo, na *Criada com cântaro de leite*, de Vermeer (1658), em que se "vê" a passagem do tempo no filete de leite sendo vertido do bule; ou no *Quarto* de Van Gogh, que, na sua imobilidade, sugere a existência anterior e posterior ao registro; ou mesmo na *Monalisa*...

Já a poesia bela seria aquela que, narrando os acontecimentos no tempo, conseguisse chegar a um quadro, a uma imagem, justamente, que condensasse e imobilizasse o que foi dito. Lessing observa como Homero descreve a beleza de Helena, na *Ilíada*. Não é apresentando os elementos um após o outro, pois seria impossível ao leitor imaginar que efeito teriam em conjunto a boca, o nariz e os olhos descritos. Homero "pinta" a bela Helena através da própria ação, usando a opinião de outros personagens. O mesmo recurso é usado para descrever a roupa de Agamenon: o rei se veste e, ao final da ação, podemos "vê-lo" com todas as peças de sua roupa. A comparação entre as especificidades e os desafios de pintura e poesia, tais que analisadas por Lessing e outros (ver nota 15), podem nos ajudar a reter a proposta principal deste texto. As narrativas na história oral (e não só elas) se tornam especialmente pregnantes, a ponto de serem "citáveis", quando os acontecimentos no tempo se imobilizam em imagens que nos informam sobre a realidade. É neste momento que as entrevistas nos ensinam algo mais do que uma versão do passado. Nem todas apresentam essas possibilidades, mas quando apresentam, podem se tornar ricos pontos de partida para a análise.

Referências bibliográficas

Alberti, Verena - 1996 - "A existência na história: revelações e riscos da hermenêutica". *Estudos Históricos*. Rio de Janeiro, CPDOC-FGV, v. 9, n. 17, 1996, p. 31-57 (disponível para *download* em www.cpdoc.fgv.br).

Araújo, Ricardo Benzaquen de - 1988 - "Ronda noturna: narrativa, crítica e verdade em Capistrano de Abreu". *Estudos Históricos*. Rio de Janeiro, CPDOC-FGV, n. 1, 1988 (disponível para *download* em www.cpdoc.fgv.br).

Hüttenberger, Peter - 1992 - "Überlegungen zur Theorie der Quelle", in: Rusinek, Bernd-A.; Ackermann, Volker & Engelbrecht, Jörg (orgs.). *Einführung in die Interpretation historischer Quellen. Schwerpunkt: Neuzeit*. Paderborn, Ferdinand Schöning.

Jolles, André - 1976 - *Formas simples*. São Paulo, Cultrix.

Koselleck, Reinhart - 1987 - "Historik und Hermeneutik", in: Koselleck, Reinhart & Gadamer, Hans-Georg. *Hermeneutik und Historik*. Heidelberg, Carl Winter Universitätsverlag.

Lessing, Gotthold Ephraim - 1990 [1776] - *Laokoon oder über die Grenzen der Malerei und Poesie*. Stuttgart, Philipp Reclam Jun.

Lima, Luiz Costa - 1989 - *A aguarrás do tempo. Estudos sobre a narrativa*. Rio de Janeiro, Rocco.

Niethammer, Lutz - 1985 - "Fragen-Antworten-Fragen. Methodische Erfahrungen und Erwägungen zur Oral History", in: Niethammer, Lutz & Plato, Alexander von (orgs.). *"Wir kriegen jetzt andere Zeiten". Auf der Suche nach der Erfahrung des Volkes in Nachfaschistischen Ländern*. Lebensgeschichte und Sozialkultur im Ruhrgebiet 1930 bis 1960 (Lusir), Bd. 3., Berlin-Bonn, J. H. W. Dietz Nachf.

Pollak, Michael - 1992 - "Memória e identidade social". *Estudos Históricos*. Rio de Janeiro, CPDOC-FGV, v. 5, n. 10.

Portelli, Alessandro - 2001 - "História oral como gênero". *Projeto História*. Revista do Programa de Estudos Pós-Graduados em História e do Departamento de História da PUC-SP. São Paulo, Educ, n. 22, jun. 2001.

Stierle, Karlheinz - 1977 - "Die Struktur narrativer Texte. Am Beispiel von J. P. Hebels Kalendergeschichte 'Unverhofftes Wiedersehen'", in: Brackert, Helmut & Lämmert, Eberhard (orgs.). *Funk-Kolleg Literatur*. Frankfurt a.M., Fischer Verlag, v. I.

Dramas da vida: direito e narrativa na entrevista de Evandro Lins e Silva*

Discuto aqui, à luz de elementos do campo da teoria literária, o tema "comunicando experiência", que deu título ao IX Congresso Internacional de História Oral, realizado em Gotemburgo, na Suécia, em junho de 1996. O objeto de análise é a entrevista de história de vida que o jurista Evandro Lins e Silva concedeu ao CPDOC entre agosto de 1994 e janeiro de 1995.[1]

Evandro Lins e Silva, nascido em 1912, bacharelou-se pela Faculdade de Direito do Rio de Janeiro em 1932. Na onda repressiva que se seguiu ao movimento comunista de 1935, defendeu réus acusados de crimes políticos perante o Tribunal de Segurança Nacional, um tribunal de exceção

---

* Este capítulo é uma versão revista de dois trabalhos, aqui fundidos. O primeiro, intitulado "Dramas da vida: imagens do direito à luz da entrevista de Evandro Lins e Silva", foi apresentado no III Encontro Nacional de História Oral (Campinas, Unicamp, maio de 1996) e publicado em *Os desafios contemporâneos da história oral*, org. por Olga de Moraes von Simson (Unicamp, 1997). O segundo, "Direito e narrativa: entrevista de história de vida com um jurista brasileiro", foi apresentado no IX Congresso Internacional de História Oral (Gotemburgo, Suécia, junho de 1996) e publicado no boletim da Associação Internacional de História Oral, edição bilíngue, *Palabras y Silêncios/Words and Silences* (v. 1, n. 1, junho de 1997).

[1] A entrevista com Evandro Lins e Silva, realizada por Marly Motta e por mim, foi editada por Dora Rocha e publicada sob o título *O salão dos passos perdidos: depoimento ao CPDOC* (Rio de Janeiro, Fundação Getulio Vargas/Nova Fronteira, 1997).

criado em 1936 e extinto somente em 1945, ao final do Estado Novo. Na década de 1950 teve seu nome consolidado como advogado de defesa em diversos processos de repercussão nacional. De 1961 a 1963 desempenhou cargos públicos durante o governo João Goulart: foi procurador-geral da República, chefe da Casa Civil da Presidência da República e ministro das Relações Exteriores. Nomeado ministro do Supremo Tribunal Federal, assumiu o cargo em setembro de 1963, nele permanecendo até janeiro de 1969, quando foi compulsoriamente aposentado pelo Ato Institucional nº 5, de dezembro de 1968. Em 1992, destacou-se como advogado de acusação do ex-presidente Fernando Collor, no processo de *impeachment* que resultou em sua destituição do cargo. Por suas posições e por sua atuação ao longo da carreira, Evandro Lins e Silva, que faleceu recentemente, em dezembro de 2002, sempre foi considerado pessoa engajada na solução dos problemas do país e reconhecido como advogado de elevada competência. Esses dados são importantes para situar a análise que se segue.

1

A passagem da experiência – daquilo que foi vivenciado – em linguagem recebe muitas vezes o nome de *narrativa*, entendendo-se narrativa como a organização dos acontecimentos de acordo com determinado sentido que lhes é conferido. Evidentemente a experiência sozinha, pura e simples, não é capaz de ser comunicada; comunicar experiências pressupõe sua organização de acordo com um sentido.

André Jolles, em sua investigação sobre as "formas simples", chama esse sentido de *atividade mental* (*Geistesbeschäftigung*). Em cada uma das formas simples – isto é, narrativas que, não sendo literatura, ainda assim criam[2] – haveria a incidência de uma atividade do espírito, sob cujo domínio a multiplicidade e a diversidade dos acontecimentos e da existência seriam condensadas. Esse processo seria apreendido pela linguagem, dando origem a *unidades indivisíveis do acontecimento*, que remetem a, e significam

---

[2] Jolles identifica e analisa nove formas simples: legenda, saga, mito, adivinha, ditado, caso, memorável, conto de fadas e chiste.

novamente aquilo que se passou na condensação. Expressões como "um ladrão", num texto que conta a história de um roubo de carteira, ou "ele abate o dragão", na história da vida de São Jorge, são unidades não mais divisíveis do acontecimento que sempre aparecem quando a história é contada. Segundo Jolles, esses "gestos", como ele os chama, são resultado do *trabalho da linguagem* em selecionar, no plano dos acontecimentos, aqueles que encerram o sentido que a atividade mental lhes quer imprimir.

A ideia da linguagem como *trabalho* também está presente em outras teorias da narrativa e pode ser usada na abordagem do tema "comunicando experiência". Ou seja, entre a experiência em si e sua comunicação há um trabalho da linguagem em cristalizar imagens que remetam a, e que signifiquem novamente a experiência.

Tomo o conceito de "narrativa" em um sentido amplo, e não apenas como relato de uma ação no tempo. Ainda que o conceito seja muitas vezes empregado para designar o desenvolvimento de uma ação que termina diferente do que começou,[3] para os objetivos deste texto convém tomá-lo também como o trabalho da linguagem em produzir racionalidades. Essa noção abrange todo e qualquer ato de fala, a comunicação.[4] É evidente, contudo, que entre uma narrativa romanesca, uma narrativa histórica e uma comunicação do tipo "traga-me leite" há diferenças fundamentais, dadas pelas regras próprias a cada uma delas.

2

Na entrevista de Evandro Lins e Silva, como em quase toda entrevista de história oral, sobrepõem-se diferentes tipos de narrativas. A entrevista como um todo é uma grande narrativa de história de vida: através dela Evandro Lins e Silva procura construir, para suas entrevistadoras e para seus leitores em potencial, o significado de sua trajetória profissional e, em certa medida, de sua trajetória pessoal. É claro que sua narrativa é diferente daquilo que se conhece usualmente por

---

[3] Ver, por exemplo, Todorov, 1987; e Stierle, 1977.
[4] Ver Lima, 1989.

autobiografia: é oral, ao invés de escrita; a presença das entrevistadoras lhe imprime rumos diversos àquele que o entrevistado talvez seguisse sozinho, e aquilo que é contado está em grande parte determinado pelas circunstâncias que cercaram cada uma das 17 sessões de entrevista. Mas assim como em uma autobiografia, a narrativa de Evandro Lins e Silva não está isenta de trechos descritivos e de reflexão, ao lado daqueles em que se esmera em contar passagens de sua vida. Como em toda narrativa de cunho autobiográfico, o principal trabalho de uma entrevista de história de vida é a construção de uma identidade para si e para os outros. E como em todo relato de uma história, aqui também são imprescindíveis as repetições para que seja possível continuar.[5]

Além da grande narrativa de história de vida, a entrevista de Evandro Lins e Silva é rica em relatos de casos criminais defendidos pelo entrevistado. Nesse particular, Evandro Lins e Silva domina com maestria a arte de prender a atenção de seus ouvintes, revelando os dados na exata medida em que se tornam necessários e cuidando para que a expectativa aumente gradativamente até o desfecho final, geralmente coincidente com o julgamento. Essas passagens são como pequenos contos policiais inseridos na entrevista e constituem uma forma cativante de o entrevistado organizar e comunicar suas experiências. É como se, com elas, ele pudesse reviver o brilho com que muitas vezes solucionou grandes causas criminais.

Mas há também unidades narrativas específicas, quase cristalizadas, que se repetem ao longo da entrevista, chamando a atenção do pesquisador.

3

Uma delas é a imagem do julgamento como espetáculo, um *leitmotiv* da entrevista que acaba condensando o significado que o próprio Evandro

---

[5] Luiz Costa Lima, retomando A. J. Cascardi, lembra que, em muitas línguas, "contar" significa tanto "narrar" quanto "operar com números" e que, em ambas as acepções, "contar" implica poder *repetir* para poder *continuar* (Lima, 1989, p. 349).

Lins e Silva confere a sua história de vida. Ela é usada para explicar a especificidade do julgamento do júri. Vejamos algumas passagens.

> O júri exerce um fascínio sobre os advogados, porque era a vitrine do foro: o advogado se revelava ali. Veja, no dia em que havia julgamento com advogados famosos, com advogados bons expositores, a sala enchia, todo mundo ia querer assistir ao espetáculo. Porque é um *espetáculo* muito interessante, do júri: é um *drama da vida* que se resolve naquele dia, através de um debate entre as partes e, depois, no julgamento secreto dos jurados. De forma que aquilo empolgava a assistência: havia correntes, havia torcedores da acusação e torcedores da defesa, havia, muitas vezes, até apostas quanto ao resultado; havia os prognósticos também: quantos jurados iriam condenar, quantos absolver. De maneira que o júri era um espetáculo muito interessante e sedutor. Eu mesmo me deixei fascinar, como já disse a vocês, pelo primeiro julgamento a que eu assisti. E lá fiquei até hoje; não saí mais.[6]
>
> Hoje os passionais são raríssimos. Antigamente, você abria o jornal: "Matou a namorada!", "A namorada agrediu o noivo!"... Isso você encontrava em todos os jornais da época. E os *dramas da vida*... De maneira que isso era um julgamento que de fato representava um *espetáculo* emocionante.[7]
>
> Nos *dramas da vida*, nos romances, a gente vê esse tipo de reação [passional], não é? Em todos os cantos: na poesia, em todos os lugares. E em todos os autores de direito, também.[8]

E finalmente, uma passagem na qual Evandro Lins e Silva lembra sua performance na defesa de um crime passional em que o réu, de nome Otelo, matara a amante por ciúme:

> Eu me lembro do começo da minha defesa... Exato: por causa do nome dele, o fatalismo dos nomes: "Se algum dia haveis lido

---

[6] Fita 9-A; grifos meus.
[7] Fita 7-A; grifos meus.
[8] Idem; grifo meu.

> *o drama de Shakespeare*, as páginas do livro terão tremido entre vossos dedos..."[9]

O que se repete insistentemente nessas passagens é a ideia do julgamento como *espetáculo*, como ponto alto em *dramas da vida* real, muito semelhantes aos dramas encontrados na literatura. Note-se que em todas as passagens aparecem as palavras "espetáculo" ou "drama", que constituem, a meu ver, unidades indivisíveis da experiência do entrevistado e que, por isso mesmo, são indispensáveis toda vez que tal experiência é comunicada.

A ênfase no julgamento como *espetáculo* é em grande parte aquilo que define a própria história de vida de Evandro Lins e Silva; é ali que o advogado criminal se realiza, foi ali que começou seu fascínio pela profissão em que se destacaria desde inícios da década de 1930. Nesse sentido, os julgamentos foram e são os pontos altos nos dramas da vida do próprio Evandro Lins e Silva, que deles participa como personagem, respondendo aos desafios que a profissão lhe impõe. Como foi o caso, nos anos 1990, do julgamento do *impeachment* de Fernando Collor. Eis como Evandro Lins e Silva reconstitui parte de seu desempenho como personagem nesse espetáculo:

> Eu tenho uma filha professora, com quem conversei ao telefone, e ela manifestou, com muita clareza, essa sua opinião, achando que aquelas audiências a que ela estava assistindo na televisão estavam frias, já não refletiam a indignação de um pouco antes, dos caras-pintadas nas ruas. Isso foi uma advertência, para mim, muito importante, porque foi exatamente aí que eu resolvi adotar uma posição ultraenérgica, veemente ao máximo, para evitar esse amortecimento. Foi quando eu comecei... Vou contar um episódio que é importante. Diante disso, ia depor essa moça, a Sandra, e eu me preparei para reagir contra qualquer censura a ela. Me comuniquei com o presidente do processo, com o ministro Sidney Sanchez, e fui à casa dele, de manhã cedo, antes da sessão no Senado, dizer a ele que, se algum incidente ocorresse, eu

---

[9] Fita 7-B; grifo meu.

queria preveni-lo de que não estava disposto a tolerar qualquer ação que pudesse susceptibilizar ou sensibilizar essa moça, e que ia para lá disposto, de agora por diante, a conduzir a acusação em termos enérgicos, como eu achava absolutamente necessário naquele instante. (...) Eu digo: "Se algum incidente ocorrer, o senhor está prevenido. Não quero que o senhor seja surpreendido por qualquer incidente que possa ocorrer no curso dos trabalhos. O senhor é o presidente do processo." Eu me senti no dever de comunicar a ele.

Essa atitude é usual: ir à casa, alertar...?

Não, mas cada processo, o advogado deve saber conduzi-lo. Claro que num processo comum eu não precisava fazer isso. Mas nesse processo, que tinha um outro conteúdo, político, importante... (...) A veemência da linguagem teve muita importância. (...) Naquele instante, eu antecipei muita coisa, quando eu chamei o Collor de delinquente astuto e afortunado, mostrando que a Sandra estava ali depondo em favor da nação, do país, e que não merecia, de maneira nenhuma, nenhuma censura.

O senhor, então, já previa que ia acontecer alguma coisa na inquirição dessa testemunha.

Ah, sim, sem dúvida nenhuma. Aí é também a experiência... "Vão tentar destruir o depoimento dela. Ou enfraquecê-lo ou reduzi-lo." E eu senti que aquilo... Nenhuma mosca voava enquanto eu falava. Todo mundo ficou surpreendido, talvez, com a veemência, com o tom que eu passei a dar à acusação: não transigir um instante, em assunto nenhum. Acredito que isso foi sentido e que produziu efeito. Inclusive naquela multidão de fotógrafos e de repórteres que ali funcionavam e que estavam abandonando um pouco a acusação, correndo muito para o lado da defesa, eu senti um pouco isso. Então, aí, mudou.

O senhor pintou a cara.

Exatamente. Está muito bem observado. Nesse dia, eu pintei a cara, eu aderi aos caras-pintadas.[10]

---

[10] Fita 35-A.

As imagens com que Evandro Lins e Silva sintetiza o sentido de suas experiências evocam o ensinamento da retórica clássica, sem dúvida importante na formação dos advogados de sua geração. A encenação pela voz e pelos gestos, que equivale à *ação dramática* na arte poética, é elemento constitutivo do discurso oratório.[11] Não são poucas as vezes em que o entrevistado se refere a Cícero ou a Demóstenes para discutir o desempenho do orador no júri. Nesse sentido, além de resultarem de um trabalho de elaboração da própria experiência como advogado, as metáforas "espetáculo" e "drama" não deixam de revelar a experiência, melhor dizendo, o saber, que foi comunicado ao entrevistado durante toda sua formação na área do direito. De modo semelhante, elas constituem uma das formas de Evandro Lins e Silva comunicar aos jovens advogados e à sociedade em geral seu próprio conhecimento, já que, por ser um advogado de competência reconhecida e muitas vezes laureada, está na posição especial de alguém cuja *experiência* já se transformou em *saber*.

Nas imagens "espetáculo" e "drama" cristalizam-se, portanto, aquilo que Evandro Lins e Silva quer comunicar – sua experiência e seu saber – e a forma como processou aquilo que recebeu comunicado da tradição teórica do direito.

4

O que a ideia do julgamento como *espetáculo* e como momento decisivo nos *dramas da vida* pode nos dizer acerca das atividades do espírito envolvidas no campo do direito? Ela reúne elementos da poética (drama, romance, poesia) e da retórica que em princípio são incompatíveis com o peso da verdade, necessária para o desfecho de um julgamento. Como é possível que um espetáculo, uma disputa entre bons advogados, possa decidir sobre o destino de uma vida?

O próprio Evandro Lins e Silva parece dar-se conta disso quando relata um caso-limite como uma de suas maiores frustrações profissionais:

---

[11] Aristóteles, *Retórica*, III, 1403b-1404a.

Vou fazer uma confissão que eu nunca fiz publicamente. Perguntam qual é minha maior derrota profissional e eu digo: foi uma vitória no júri. Eu acusei, no júri, um médico – era um casal de médicos, da Tijuca. Ele teria dado uns tiros nas pessoas que estavam importunando na rua e matado um rapaz – um desses provocadores de algazarra na rua. O casal estava dentro de casa, reclamou e tal, afinal, deu um tiro, teria dado um tiro. Não me recordo se um ou dois, mas o fato é que o rapaz tinha morrido. E eu fiz a acusação, contratado pela família da vítima. E de fato, os réus foram condenados. No dia seguinte, eu recebo a notícia de que o médico tinha se suicidado na prisão. Até hoje sofro com isso. Deveria ter aceito aquela acusação? Por isso, de vez em quando me perguntam: "Você acusou?" Eu digo: "Cometi alguns pecados na minha vida quando acusei." Acho que todos devemos ter uma imensa compreensão humana dos dramas da vida, do infortúnio, da desgraça alheia, dos gestos impensados, do desespero com que as pessoas agem.[12]

Ou seja: nesse caso, o ponto alto do drama da vida resultou na prisão e na morte do réu. Mesmo em prol da verdade, o desfecho do espetáculo pode ser pesado demais, razão pela qual Evandro Lins e Silva se arrepende das vezes em que seu bom desempenho como advogado de acusação caminhou na contramão da compreensão humana. Ainda que o julgamento tenha sido correto, a verdade, nesse caso, não valeu a pena.

Pela marca profunda que deixou no entrevistado, esse exemplo-limite acaba se aproximando dos erros judiciários, como o caso Dreyfus, várias vezes citado por Evandro Lins e Silva.[13] Entretanto, a expressão "*erro judiciário*" revela que o julgamento, no caso Dreyfus, desobedeceu à *verdade*, o que é mais grave, porque fere o fundamento mesmo da Justiça. Nesse

---

[12] Fita 18-A.
[13] Alfred Dreyfus (1859-1935), oficial francês, foi condenado, em dezembro de 1894, sob acusação de espionagem em favor da Alemanha, e deportado para a Guiana Francesa. Mais tarde, descobriu-se que o verdadeiro culpado era um oficial do Estado-Maior francês, mas mesmo assim o Exército não reviu o processo, provocando intensa reação da opinião pública. Apenas em 1906 a Corte de Cassação reabilitou Dreyfus.

sentido, se Evandro Lins e Silva parece dar-se conta do *caráter relativo* do acerto judiciário quando se arrepende de ter acusado o médico homicida, por outro lado, como jurista, não pode deixar de acreditar no benefício da verdade. Por sua formação e pelo zelo à profissão, partilha com seus pares um mesmo universo de ideias, tão bem expresso por Mário Bulhões Pedreira, seu contemporâneo, na defesa do prefeito Pedro Ernesto, acusado de participar do movimento comunista de 1935:

> O processo, qualquer que ele seja, tende a um escopo único: a procura da verdade. Verdade e justiça são conceitos que se confundem na legislação de todos os povos, ainda as mais recuadas na civilização humana. Pouco importam os métodos ou as escolas, os sistemas ou as orientações: o fim de todo processo, em todas as épocas, é sempre a obtenção da verdade.[14]

A entrevista de Evandro Lins e Silva contém diversas passagens que mostram como o advogado criminal deve orientar suas investigações pela busca da verdade. Os cálculos de balística, por exemplo, podem provar se a vítima estava deitada, dormindo, ou, ao contrário, enfrentando o assassino. As leis da física podem derrubar uma acusação de furto de vinho, porque a ausência de um segundo furo no barril impedia que a pressão atmosférica fizesse o vinho jorrar, conforme descrito nos laudos. E assim por diante.

5

Em um terreno, contudo, essa busca da verdade parece inútil: o dos crimes políticos, que, segundo Evandro Lins e Silva, não fazem parte do direito penal, e sim da história.

> Nos processos de natureza política, eu adotei como critério não cobrar honorários. Nunca cobrei honorários. Porque eu partia do seguinte princípio da minha convicção, que tenho até hoje: o crime

---

[14] Pedreira, 1937, p. 207.

político, diz o grande jurista Francesco Carrara, no seu *Tratado de direito penal*, quando chega à parte de crime político... Ele diz: "Desse assunto eu não cuido, porque isso não é direito penal, isso é história." Então eu achava sempre isso: que os presos políticos não tinham... não havia razão, que era uma questão toda de ideias, uma atitude em que eles procuravam, na realidade, a melhoria das condições de vida do povo. Podiam não ter razão, inclusive.[15]

A unidade não mais divisível que melhor dá conta da experiência aqui comunicada é a afirmação de que, na defesa de crimes políticos, Evandro Lins e Silva *jamais cobrou honorários*. O que é não cobrar honorários nesse caso? É seguir à risca a incompatibilidade entre crime político e direito penal.

Estamos, portanto, diante de uma segunda unidade narrativa, que também se repete ao longo da entrevista e chama a atenção do pesquisador como resultado do trabalho da linguagem em condensar e comunicar experiências. À semelhança da imagem do julgamento como espetáculo, trata-se aqui de uma experiência (de um saber, também) que Evandro Lins e Silva recebeu comunicada, que ele transformou num princípio não cobrando honorários e, finalmente, que ele comunica, como experiência e saber, às entrevistadoras, aos jovens advogados e à sociedade em geral.

O que nos diz a imagem "não cobrar honorários" acerca das atividades do espírito envolvidas no campo do direito? Que, ao contrário da história, em que se defendem *ideias*, legítimas ou não, no direito penal a busca da *verdade* e da *razão* ainda faz sentido. Por isso mesmo, o trabalho do advogado criminal, aquele pelo qual ele é legitimamente remunerado, não pode prescindir do pressuposto da verdade.

6

A entrevista de Evandro Lins e Silva deixa clara a complexidade de pontos de vista envolvidos nas matérias do direito. Ela é um constante ir

---

[15] Fita 9-B.

e vir entre o pressuposto da verdade e sua relativização, entre Justiça e história, entre o universo da lei e o espetáculo.

Outro exemplo interessante dessa diversidade de perspectivas é a oposição que se estabeleceu, por conta do processo de *impeachment* do presidente Fernando Collor, entre julgamento *político* e julgamento *jurídico*. Tivemos a oportunidade de entrevistar Evandro Lins e Silva em seguida à absolvição de Fernando Collor pelo Supremo Tribunal Federal (STF), acusado de crime de corrupção passiva.[16] Uma das explicações dadas para o resultado desse julgamento foi a de que, ao contrário do Senado – um tribunal político –, o Supremo Tribunal Federal teria compromissos com a doutrina do direito, com as leis e com as provas, constituindo portanto um tribunal eminentemente jurídico. O depoimento de Evandro Lins e Silva, entretanto, revela que a dicotomia não é tão simples assim.

> O juiz julga também com suas convicções políticas. Não se pense que ele fica numa torre de marfim, inteiramente imune aos acontecimentos. Não. Ele julga de acordo com sua formação filosófica, não tem dúvida nenhuma. Então, dizer-se que o Tribunal tomou uma decisão apolítica no caso Collor não é real. A decisão é política. A decisão, a meu ver, exprimiu exatamente a posição política da maioria dos seus membros – foi uma decisão majoritária, não foi uma decisão unânime. (...) Eu, por exemplo, sou contrário, acho que a decisão cria um certo conflito. Pretende-se dizer: a decisão do Senado é exclusivamente política. Não. Político-jurídica. O Senado não julgou sem provas, disso eu posso dar um testemunho porque participei do processo. O Supremo entendeu que essas provas eram insuficientes; são critérios de julgamento que muitas vezes variam mas que, num caso eminentemente político como esse, trazem dentro de si a carga política que ele envolve.

---

[16] Em 12/12/1994 o Supremo Tribunal Federal absolveu Fernando Collor da acusação de crime de corrupção passiva, por 5 votos a 3. Votaram a favor do ex-presidente os ministros Ilmar Galvão, Moreira Alves, Celso de Mello, Sidney Sanches e Octávio Gallotti, e contra Fernando Collor os ministros Sepúlveda Pertence, Carlos Velloso e Néri da Silveira. Para os cinco ministros que inocentaram o ex-presidente, não houve procedência na denúncia do procurador-geral da República, Aristides Junqueira, em função da inexistência de um *ato de ofício*, isto é, algum documento comprometedor assinado por Fernando Collor no exercício da presidência.

As provas modernas, quer dizer, gravações e tal, não foram aceitas para provar a culpa do Collor, no âmbito do STF. No entanto, nos Estados Unidos, o Nixon foi obrigado a renunciar porque o juiz da Corte aceitou as gravações. O Aristides Junqueira alega que a atuação dele foi muito cerceada pelo famoso ato de ofício: ele não teria o ato de ofício que comprovaria a corrupção passiva do Collor. Não foram aceitas essas outras provas que o Senado aceitou. Como o senhor vê essa questão das provas?

Veja o seguinte: o ministro Pertence, em relação a essa questão do ato de ofício, segundo soube, apresentou um argumento decisivo: por que a necessidade de um ato de ofício? Não está escrito na lei, no *caput* do artigo da corrupção passiva; em segundo lugar, seria exigir quase que um recibo da corrupção; em terceiro lugar – este é que é o argumento decisivo –, e quando a corrupção é feita para o funcionário não praticar o ato de ofício? (...) Esse argumento é irrespondível. É irrespondível do ponto de vista jurídico. Então veja que a decisão tem um conteúdo político, não é isso? Não é exclusivamente jurídica, porque, aparentemente, esse argumento é um argumento fulminante do ponto de vista jurídico.

Essa questão das provas consideradas violadoras da privacidade das pessoas, essa coisa de respeito à vida privada, não permitir a escuta telefônica, não permitir a apreensão sem uma prévia autorização judicial, está na Constituição; agora, tudo depende de uma interpretação da Corte. A meu ver – esse é um entendimento meu até como jurista –, quando se trata de uma comunicação telefônica entre mim e uma outra pessoa, se eu uso essa conversação em defesa de um direito meu contra aquele com quem eu falei, eu posso fazê-lo. É a mesma coisa que se eu tivesse trocado uma correspondência com ele. O que não se permite é a interferência da autoridade para vigiar politicamente e perseguir os cidadãos e criar fantasias ou provocar o chamado crime imputativo, o crime provocado e tal. Evidentemente, o que não se permite é a violação da privacidade por terceiros, mas aqueles que estão interessados no problema, não; não há violação de privacidade nenhuma

> entre uma telefonema minha com um amigo: amanhã ele me aciona, ou promove qualquer processo contra mim, eu tenho o direito de usar aquele documento em minha defesa. Não há nenhuma violação de privacidade.[17]

Essa passagem mostra, portanto, que, mesmo do ponto de vista jurídico, o julgamento de Fernando Collor no Supremo Tribunal Federal poderia ter tido um outro resultado, o que nos leva mais uma vez ao caráter relativo da verdade: dependendo da *interpretação* da lei, mesmo o julgamento *jurídico* pode variar. E mais: aqueles que justificaram a absolvição de Fernando Collor pela ausência de provas jurídicas tomaram, na verdade, uma decisão política. Diante disso, onde estará a diferença entre Justiça e história?

Se a decisão jurídica depende da interpretação da lei, mais uma razão para se reforçar o papel do advogado, seja de defesa, seja de acusação, no *espetáculo* do julgamento, mais precisamente sua capacidade de convencimento de que a lei deve ser interpretada em um sentido e não em outro.

> Para o advogado, o preparo técnico é muito importante, porque ele encontra sempre argumentos dentro da técnica para persuadir ou convencer o ouvinte, o juiz que vai julgar a causa, do seu ponto de vista. Se ele tem bons elementos, se ele apresenta argumentos mais convincentes, em geral ele triunfa, ele é vitorioso. Agora, se ele não tem capacidade para isso, evidentemente ele não convence ninguém. (...) E um júri, por exemplo, em que você tem bons debatedores, é um espetáculo interessantíssimo da vida, é um drama da vida que está sendo decidido naquele dia ali.[18]

Nesse sentido, menos do que descobrir a verdade, a atividade que se exige da mente no momento do julgamento parece ser a de pesar, de medir e de comparar pontos de vista em relação à norma – e voltarei a isso adiante.

---

[17] Fita 22-B.
[18] Fita 8-B.

7

Outra forma de investigarmos o estatuto da verdade no campo do direito à luz da entrevista de Evandro Lins e Silva é através da relação do advogado com seu cliente. E se o cliente estiver mentindo quanto à sua participação no crime? Como é, para o advogado, ter de defender algo que ele próprio sabe que não é verdade? Tivemos a oportunidade de fazer essas perguntas a Evandro Lins e Silva, que nos respondeu lançando mão de uma segunda instância normativa: a ética.

> O advogado tem que ter uma noção ética da sua missão. Por exemplo, se um cliente que eu estou defendendo e que nega a autoria de um crime, nas proximidades do julgamento me diz que ele é o autor do crime, como eu devo proceder? Porque eu não me sentiria bem, absolutamente, na tribuna, jurando que ele não cometeu o crime, sabendo, por confissão dele, o contrário. Quer dizer, a mim me repugnaria, pelos meus princípios, pela minha formação, agir dessa forma. (...) Como proceder o advogado numa situação dessas? Ele também não pode dizer publicamente o que o cliente lhe confessou, porque então ele está faltando ao dever do sigilo profissional que ele é obrigado a guardar; ele não pode dar uma prova, delatar o cliente que, em confiança ao seu advogado, fez aquela revelação. Então, como agir? Henri Robert, uma das grandes figuras da advocacia universal, aconselha ao advogado que ele crie um pretexto qualquer para não fazer a defesa final, que ele se afaste, para que outro, a quem talvez o cliente não revele o que revelou a ele, vá fazer a defesa.[19]

Ou seja: é um comportamento ético do advogado não mentir, ao mesmo tempo em que é ético não delatar o cliente. Mais adiante, Evandro Lins e Silva se lembra de um caso:

---

[19] Fita 15-A.

> Fiz uma defesa, certa ocasião, de um colega meu, um homem que era engenheiro, uma negativa de autoria, em que eu sabia que ele era o autor do crime que ele vinha negando.
>
> *Qual era o crime?*
>
> Morte, homicídio. (...) Eu ainda era moço. Mas eu fiz a defesa *discutindo apenas a matéria de lei*: que a prova era insuficiente para condená-lo, o que estava absolutamente certo. Mas eu sabia, intimamente, que ele era o autor do crime, porque era uma pessoa muito chegada a mim, era uma pessoa da minha geração, diplomado, de família minha conhecida, outros amigos comuns. Então, eu fiz a sustentação daquilo que era razoável. Realmente, era insuficiente a prova. Mas até hoje, veja, eu guardo isso. Eu podia ter esquecido esse episódio. Por quê? Porque eu sempre acho que o advogado deve ter uma *conduta incensurável do seu procedimento moral*. (...) Eu não estava dizendo que ele não era o autor, eu estava dizendo que a prova existente não autorizava a condenação dele.[20]

Podemos dizer que o procedimento de Evandro Lins e Silva foi moralmente correto: ele não mentiu, apenas se ateve à lei. Nesse caso, a ética rege a decisão de limitar-se à matéria de lei, ao argumento jurídico, enquanto em outros casos, como já se discutiu anteriormente, a ética exigiria que o juiz fosse além da norma estritamente jurídica.

Essa nova instância normativa parece ser o elemento que faltava para introduzir alguma ordem de critérios na diversidade de perspectivas e de possibilidades com que nos deparamos até aqui. A ética deve reger não apenas a restrição ou não à matéria de lei, isto é, o próprio julgamento enquanto interpretação da lei, como também o desempenho do advogado no espetáculo.

> Ele [o advogado] não deve estar preocupado com o seu brilho pessoal, e sim com a capacidade que ele teve de persuadir, de convencer aqueles que o ouviam daquilo de que ele estava

---

[20] Fita 18-A; grifos meus.

convencido, em favor do seu cliente. Isso me parece muito importante para compreender perfeitamente o exercício da profissão. Ao mesmo tempo, *com ética*, apresentando soluções razoáveis. O advogado que apresenta uma solicitação despropositada, disparatada, não prende a atenção. É preciso que tenha *equilíbrio* na apresentação dos problemas que ele faz ao juiz, isso é muito importante. Porque se eu pleiteio um disparate, evidentemente não terei êxito jamais. Eu preciso, então, demonstrar que aquilo que eu pleiteio é razoável.[21]

Outras passagens da entrevista reforçam esse sentido: segundo Evandro Lins e Silva, a conduta do advogado tem de ser "exata, correta, legal, decente, limpa"; ele "precisa exatamente saber o limite, o máximo que ele pode obter em favor do seu constituinte, de acordo com as regras legais, morais, éticas e tudo mais" e não deve ser "um trapaceiro a enganar, a iludir". Finalmente, essa regra ultrapassa o próprio exercício da profissão: o advogado tem de ter "uma postura absolutamente correta e decente *diante da vida*", "porque o conceito dele – ser respeitado, considerado – é muito importante".[22]

8

Tentemos sintetizar os diferentes planos de relação entre o pressuposto da verdade e sua relativização fornecidos pelas unidades narrativas da entrevista de Evandro Lins e Silva. Em primeiro lugar, a imagem mais marcante: o julgamento como espetáculo em que se decide a vida de uma pessoa. Com ela, Evandro Lins e Silva traz para o terreno da poética e da retórica aquilo que pertence à vida real: o réu, o crime e sua pena. É um primeiro nível de relativização da verdade: ela pode ser colocada em cena. Em seguida, a força desse espetáculo, sua capacidade de intervir na vida real, é algo que assusta: Evandro Lins e Silva não esquece o caso do médico homicida que se suicidou em consequência de sua acusação. E mais: se arrepende das vezes em que acusou, como se a busca da verda-

---

[21] Fita 21-A; grifos meus.
[22] Fita 17-B.

de, nesses casos, não valesse a pena – trata-se portanto de um segundo nível de relativização da verdade: ela pode não ser positiva. Um terceiro nível aparece com a definição de crime político: a verdade não serve de padrão para o julgamento desses crimes, que já não são matéria de direito penal.

Contudo, a própria profissão exige que se tome a verdade como pressuposto: verdade e justiça são conceitos que se confundem. Se não, por que o desconforto de Evandro Lins e Silva diante do caso em que sabia, intimamente, que seu cliente tinha cometido crime de homicídio? Porque, mesmo indiretamente, sua defesa no sentido da insuficiência de provas desviou o julgamento da verdade.

Podemos dizer que esse constante ir e vir entre o pressuposto da verdade e sua relativização é característico do próprio campo do direito. Vimos que algumas vezes as oscilações podem ser resolvidas pela ética, instância normativa que se torna referência mais forte do que a própria lei: há interpretações "boas" e "más" da norma jurídica. Em outros casos, contudo, a dúvida parece persistir, mesmo que a solução tenha sido jurídica e eticamente correta.

9

Toda essa discussão faz lembrar a forma simples *caso*, estudada por André Jolles. Na atividade mental característica do caso, diz Jolles, o que acontece é um constante medir e pesar da maior ou menor distância do caso em relação à norma e das normas entre si. A principal pergunta que o caso se coloca é: "onde está o peso, com base em que norma é preciso avaliar?"

Uma simpática história indiana serve de exemplo. Havia um rei famoso que, tendo sido honrado com visitas e presentes durante dez anos por um mendigo, vê-se na condição de ter de ajudá-lo – pois o rei indiano deve ajudar aquele que o procura e honra. A ajuda consiste em buscar o cadáver de um homem enforcado em uma figueira, mas logo o rei percebe que o corpo está habitado por um espírito: toda vez que o rei fala, o corpo retorna à árvore. Para cumprir sua obrigação com o mendigo, o rei deve manter-se calado ao carregar o corpo, mas o espírito sempre lhe propõe casos, que devem ser resolvidos. Como o monarca indiano tem também a obrigação, como sábio, de arbitrar litígios, não consegue ficar calado e resolve os casos, fazendo com que o cadáver retorne à árvore. Isso se repete por 23 vezes. A história encontra seu fim somente quando o rei não consegue cumprir sua obrigação de árbitro: na 24ª vez, não sabe encontrar resposta para o novo caso proposto pelo espírito e mantém-se calado.

Há nessa história uma superposição e uma profusão fantástica de normas. Mal um caso é resolvido, aparece outro, e tudo isso enquanto o rei está submetido a obrigações conflitantes entre si. Segundo Jolles, o específico da forma caso é o pesar em relação às normas. O caso não contém a resposta; no momento em que é dada a solução, deixa de ser caso. É interessante portanto que o desfecho da história indiana seja a própria impossibilidade de solução de um caso.

O que isso tudo tem a ver com o mundo do direito? Não só o fato de esse mundo se constituir pelo constante pesar e medir das distâncias entre casos e normas; não só pela superposição de normas, pela atualidade da pergunta "de acordo com que norma é preciso pesar?", mas também pela constante impressão de que um caso pode estar condenado a jamais encontrar um desfecho perfeito.

Os dois casos-limite narrados por Evandro Lins e Silva, o do médico que cometeu suicídio na prisão e o do cliente de quem sabia que era culpado, condensam essa espécie de dilema característico do campo do direito. Eles constituem espécies de dramas na vida de Evandro Lins e Silva, porque até o final de sua vida ele os guardava de maneira especial na memória, como se estivesse se perguntando se seu desfecho não poderia ter sido outro. Se o advogado tem o poder de mudar destinos, no caso do médico, sua ação levou desgraçadamente à morte e, no caso do homicida, à eliminação da culpa.

Do ponto de vista das normas jurídica e ética ambos os casos foram resolvidos a contento. Mas com relação a duas regras fundamentais para Evandro Lins e Silva – a defesa da vida e a defesa da verdade –, não foram resolvidos, e por isso não saem de sua memória. Eles são como o cadáver da história hindu: voltam constantemente à árvore.

Através desses casos-limite, Evandro Lins e Silva está comunicando, a meu ver, a seguinte experiência e o seguinte saber: mesmo no campo do direito, o campo da verdade e da justiça por excelência, sempre haverá uma área sem resposta, uma área em que não há norma capaz de pôr fim a determinadas dúvidas. Essa talvez seja uma espécie de sobra da *vida real* impossível de ser absorvida pelo *espetáculo*.

10

Ao depararmo-nos com uma entrevista de história oral, as possibilidades de análise são evidentemente numerosas. Neste capítulo procurei mostrar que escutar as unidades narrativas pode ser um caminho bastante profícuo: elas nos dão a conhecer o trabalho envolvido na organização e na comunicação de acontecimentos e experiências. Não é por acaso que determinadas imagens e histórias se cristalizam e se repetem toda vez que certas experiências e certos saberes são narrados. É preciso atentar para sua força narrativa e sua capacidade de informar sobre os acontecimentos e as experiências.

Na entrevista de Evandro Lins e Silva pudemos identificar algumas unidades narrativas. A imagem do julgamento como espetáculo e drama da vida e o princípio de não cobrar honorários na defesa de crime político são unidades indivisíveis da experiência e do saber do entrevistado, que aparecem toda vez em que ele quer comunicar essa experiência e esse saber. Os casos-limite do médico que cometeu suicídio e do cliente de quem sabia que era culpado são histórias que já nascem carregadas de seu significado. Ao contá-las, Evandro Lins e Silva está comunicando, simultaneamente, aquilo que se passou e aquilo que as histórias significam.

A natureza dessas unidades narrativas é evidentemente diferente. Umas são termos ou expressões inseparáveis da experiência narrada; outras são histórias com começo, meio e fim, narradas em meio à entrevista. Mas podemos verificar que todas constituem algo mais do que construções subjetivas ou versões do passado. Elas condensam alguns dilemas correntes no campo do direito e por isso têm a ver com a própria filosofia do direito. Cabe ao pesquisador que trabalha com entrevistas de história oral atentar para a preciosidade de unidades narrativas como as que analisamos aqui, porque elas são capazes de comunicar experiências que vão além da trajetória particular de determinado entrevistado, dando conta de formas de elaborar o mundo próprias a uma geração, a um segmento profissional, a um campo do conhecimento, enfim.

Referências bibliográficas

Aristóteles. *Rhétorique*; livre III. Texto estabelecido e traduzido por Médéric Dufour e André Wartelle. 2. ed., Paris, Les Belles Lettres, 1980.

Lima, Luiz Costa - 1989 - *A aguarrás do tempo. Estudos sobre a narrativa.* Rio de Janeiro, Rocco.

Jolles, André - 1930 - *Einfache Formen.* 4ª ed., Tübingen, 1972 (1ª ed.: 1930). Ed. Bras.: *Formas simples.* Trad. Álvaro Cabral. São Paulo, Cultrix, 1976.

Pedreira, Mário Bulhões - 1937 - *Razões de defesa do dr. Pedro Ernesto Baptista.* Rio de Janeiro, Coachman, Carbone & Cia.

Stierle, Karlheinz - 1977 - "Die Struktur narrativer Texte", in: Brackert, Helmut & Lämmert, Eberhard (orgs.). *Funk-Kolleg Literatur.* Frankfurt a.M., 1977, v. I.

Todorov, Tzvetan - 1987 - "Les deux principes du récit", in: *La notion de littérature et autres essais.* Paris, Seuil, p. 47-65.

"Ideias" e "fatos" na entrevista de Afonso Arinos de Melo Franco[*]

Este texto tem por objeto o conjunto de entrevistas concedidas por Afonso Arinos de Melo Franco ao Programa de História Oral do CPDOC entre setembro de 1982 e outubro de 1983, com um total de 26h 40m de gravação. As entrevistas foram realizadas por Aspásia Camargo e Maria Clara Mariani e contaram com a participação especial de Pedro Nava (na entrevista de 27/9/1982) e dos jornalistas Carlos Castelo Branco, Fernando Pedreira e Otto Lara Resende (na mesa-redonda de 8/2/1983). O objetivo imediato desta série de entrevistas foi sua transformação em livro: ainda em 1983, o CPDOC publicava, em conjunto com o Senado Federal e a Editora Dom Quixote, o livro *O intelectual e o político: encontros com Afonso Arinos*, cuja primeira parte é resultado do trabalho de edição das entrevistas gravadas.

Se hoje, passados mais de dez anos da realização das entrevistas, as elegemos como objeto de reflexão, esse movimento é evidentemente marcado por uma distância temporal e conceitual, só tornada possível

---

[*] Este capítulo é uma versão revista do artigo publicado em *Entre-vistas: abordagens e usos da história oral*, coletânea de artigos coordenada por Marieta de Moraes Ferreira (Rio de Janeiro, Editora FGV, 1994, p. 33-65). Agradeço à coordenadora e à editora, que concordaram com a publicação neste volume. Parte do artigo foi apresentada no II Encontro Nacional de História Oral, realizado na Fundação Getulio Vargas, em abril de 1994.

pela preservação das entrevistas no acervo de depoimentos do CPDOC.[1] A elaboração deste texto começa então no momento em que as fitas do depoimento de Afonso Arinos voltaram a ser consultadas. Trata-se, como em qualquer pesquisa com documentos, de retirar o depoimento de sua inércia silenciosa e de iniciar um diálogo em que se alternam as informações que ele nos dá e as perguntas que lhe fazemos. Deste diálogo resulta um sentido, que não é jamais o único possível.

Dois fatores precisam ser enfatizados para dar conta da especificidade do documento em questão. O primeiro diz respeito à época de realização da entrevista. Uma entrevista de história oral não apenas fornece relatos de ações passadas, mas é ela mesma um conjunto de ações que visa determinados efeitos – efeitos que se pretende que ajam sobre o interlocutor na própria entrevista, e efeitos que se pretende que repercutam para além da relação de entrevista, no público que a consulta e eventualmente na sociedade como um todo. Desse ponto de vista, a entrevista de história oral não se diferencia de outros documentos de cunho retrospectivo, como autobiografias ou relatórios, por exemplo, que constituem tanto *relatos de ações* quanto *ações* propriamente ditas.[2] Sua especificidade com relação a esses documentos vem do fato de as *ações* que documenta serem tanto do entrevistado quanto do entrevistador – deste, maiores ou menores, não importa, mas, como já se tornou costume dizer, trata-se, na história oral, de uma produção *intencional* de documentos da parte do pesquisador.

A motivação que estaria na base da entrevista de Afonso Arinos deve ser procurada nos anos de 1982/1983, meados do governo de João Figueiredo (1979-1985), momento em que alguns diagnósticos políticos

---

[1] O acervo de depoimentos do CPDOC contém 30 fitas cassete de entrevistas com Afonso Arinos. Uma dessas fitas não faz parte da série gravada entre 1982 e 1983: trata-se de entrevista concedida à pesquisadora Lúcia Hippólito sobre o *Manifesto dos Mineiros* em 26/7/1977. As fitas restantes estão divididas em dois conjuntos: o primeiro (26 fitas) corresponde às entrevistas conduzidas por Aspásia Camargo e Maria Clara Mariani, incluindo-se aí a mesa-redonda de 8/2/1983; o segundo reúne três fitas da entrevista conduzida por Pedro Nava, com a presença de ambas as entrevistadoras. Este segundo conjunto está catalogado como "Afonso Arinos e Pedro Nava". A totalidade das fitas foi consultada na forma de escuta e as citações no presente texto obedecem aos seguintes critérios: a) quando não houver referência expressa, o trecho citado encontra-se no primeiro conjunto de 26 fitas; nos outros casos indicar-se-á "Afonso Arinos e Pedro Nava", e "Afonso Arinos - Manifesto dos Mineiros"; b) a localização do trecho citado dar-se-á pela indicação do número e do lado da fita.

[2] Para o desenvolvimento desses conceitos e sua relação com a questão da *fonte histórica*, ver a distinção estabelecida por Peter Hüttenberger entre *Handlungsüberrest* (resíduo de ação) e *Handlungsbericht* (relato de ação), no artigo "Überlegungen zur Theorie der Quelle" (1992).

registravam uma certa inércia ou apatia que retardava o processo de democratização do país. Lembre-se que o movimento pelas *Diretas já* só se daria praticamente dois anos depois de iniciada a entrevista, entre janeiro e abril de 1984; que Afonso Arinos só seria indicado presidente da Comissão Provisória de Estudos Constitucionais, a chamada Comissão Arinos, no início do governo Sarney (em março de 1985),[3] e finalmente que a Assembleia Nacional Constituinte, cuja Comissão de Sistematização Afonso Arinos presidiu, só se instalaria em fevereiro de 1987. A realização da entrevista nos idos de 1982/1983 obedece, a nosso ver, a uma certa vontade política de "sacudir" o país e suas elites para lembrar o caráter inevitável da democratização e a necessidade de se combater a letargia com propostas de ação consistentes. O depoimento de Afonso Arinos significava nesse contexto uma busca de entendimento no passado, e ao mesmo tempo uma revitalização da importância do *político*, daquilo que Afonso Arinos representava como parlamentar e liberal. Finalmente, sua experiência, sua idade (em 1982 tinha 77 anos) e seu pertencimento a uma elite intelectual faziam dele um personagem privilegiado a ser ouvido.

Estas, em linhas gerais, as motivações da entrevista, que dão conta daquilo que pode ser chamado a principal *ação* de que essa entrevista é documento. Tanto é assim que o livro publicado em seguida cristaliza tal projeto desde sua epígrafe, passando pelos prefácios de Aspásia Camargo e de Pedro Nava, até a edição da entrevista – que é sempre resultado de uma leitura, entre as possíveis, do depoimento.[4]

---

[3] Oficialmente, a Comissão Provisória de Estudos Constitucionais foi instalada em setembro de 1985, tendo um prazo de dez meses para elaborar um anteprojeto de Constituição, mas o nome de Afonso Arinos já havia sido indicado por Tancredo Neves e, portanto, corroborado por Sarney no início de seu governo.

[4] A epígrafe do livro *O intelectual e o político: encontros com Afonso Arinos* é uma frase do próprio entrevistado resumindo uma espécie de diagnóstico da situação do país, ao mesmo tempo em que reclama providências: "É preciso engravidar essa nação com ideias." Ao longo da entrevista Afonso Arinos enuncia algumas vezes proposição semelhante, quando discute a situação do país à época da entrevista. Veja-se por exemplo esta passagem: "Eu assisti a tanta coisa no Brasil, desde menino, e de repente eu vejo isso sobre o que eu tenho insistido com vocês: um país sem nenhuma ideia, com uma falta de ideias absoluta, não é? Eu vou repetir o que eu disse há três dias em Brasília: não há fatos, existem consequências de ideias. (...) Não há história sem antecedente dos fatos, e nós estamos com fatos quase que naturais, quer dizer, são fatos que ocorrem como coisas da natureza: tempestades, ventanias e tal, sem que você saiba das razões. E isso me preocupa imenso e me entristece. Eu acho que se houvesse no Brasil uma pequena – não era muito ambiciosa, não – uma pequena usina de ideias dentro do governo nesse momento, a situação nacional mudaria completamente" (Fita 24-A).

Além da época de realização da entrevista, outro fator que permite dar conta da especificidade do documento de que aqui se trata é o que podemos chamar de "marca autobiográfica" de Afonso Arinos. Não se trata de um entrevistado a quem se colocava pela primeira vez a tarefa de refletir sobre sua história de vida e a relação desta com a história no sentido largo. A principal prova disso são seus cinco volumes de memórias, publicados entre 1961 e 1979. A preocupação com o registro autobiográfico antecede mesmo esse período: já em 1927, aos 21 anos, Afonso Arinos pedia à noiva que escrevesse suas cartas sobre uma mesa para evitar que as letras muito apagadas desaparecessem com o tempo.[5] As próprias biografias do pai, Afrânio de Melo Franco, e do avô da esposa, Rodrigues Alves, publicadas respectivamente em 1955 e 1973, são, segundo ele, "tipos de autobiografia".[6] Até seu *Amor a Roma*, ensaio histórico e cultural sobre Roma publicado em 1982, é perpassado pela "marca autobiográfica", apesar de não constituir texto autobiográfico.

A relação intrínseca entre trajetória individual e história tem sua origem, segundo o próprio Afonso Arinos, no ambiente familiar:

> Desde cedo me interessei pela história. (...) E o convívio com a história vinha do fato de a minha família ser uma família política. (...) Então isso fazia com que à atmosfera da política se juntasse um pouco a história política. E isso era um ambiente ao mesmo tempo político e cultural (Fita 1-A).[7]

Não surpreende, portanto, que o primeiro volume de suas memórias se abra com a notícia do nascimento do neto, de nome Afrânio como o pai de Afonso Arinos. É como se o projeto de construção do eu

---

[5] Cf. a correspondência do casal entre os anos de 1927 e 1928, publicada no último volume das memórias de Afonso Arinos, *Diário de bolso seguido de retrato de noiva* (1979), p. 149.
[6] "Porque a biografia do meu pai e a biografia do conselheiro Rodrigues Alves são também tipos de autobiografia. É autobiografia do ambiente vivido não só por mim como pelo avô da minha mulher e, portanto, muito ligados" (Fita 12-A). E um pouco mais tarde: "Em mim a história sempre foi um pouco existencial e autobiográfica. Os livros mais importantes de história que eu tenho – as duas biografias – são autobiografias" (Fita 12-A). Sobre a produção historiográfica de Afonso Arinos, ver Venâncio Filho, 1990.
[7] Veja-se ainda o início de uma entrevista concedida em março de 1978 a Lourenço Dantas Mota, Villas Boas Correa e Marçal Versiani: "A vida cultural desabrochou em mim com a própria vida. Tão longe quanto vai a minha memória, minha vida está ligada aos livros, às ideias" (Mota, 1981, p. 101).

autobiográfico encontrasse na família e consequentemente na "história" o fundamento que viabilizasse a largada sobre a folha em branco.[8] Essa relação estreita entre autobiografia, história e tradição familiar é o que chamamos aqui a "marca autobiográfica" de Afonso Arinos: uma certeza permanente de pertencimento à "cultura" e à "história", que tem evidentemente implicações sobre a entrevista. A principal delas pode ser resumida na seguinte questão: de que vale uma entrevista de história oral com um personagem que já tornou públicas suas memórias, que já construiu e fixou sua trajetória em uma identidade e que já refletiu sobre seu "papel na história"? A resposta certamente não é simples, e em parte ela já foi dada no momento mesmo de realização da entrevista, condicionada às questões que a conjuntura política dos anos de 1982/1983 tornava prementes. O que se realiza aqui no entanto é um outro movimento, aquele do retorno às fitas guardadas no acervo, passadas aquela conjuntura e as intenções imediatas de produção da entrevista. Nesse novo contexto, a pergunta permanece como pano de fundo: o que buscamos aqui, em última análise, é uma reflexão sobre a validade de entrevistas de história oral com homens públicos cujas histórias de vida já se fixaram em alguma forma de registro – o que, no caso de Afonso Arinos, assume dimensões excepcionais, dado aquilo que denominamos sua "marca autobiográfica". Tal reflexão implicará, no caso desta entrevista, inserir a análise em uma discussão mais ampla, que diz respeito às especificidades de certo pensamento político liberal brasileiro, na medida em que tomamos Afonso Arinos como um seu representante.

"Palavra" versus "ação"; "ideia" versus "fato"

Toda entrevista, como todo documento de maior extensão, oferece ao pesquisador diversos pontos de abordagem e é evidente que não se

---

[8] "(...) o futuro dos netos, na medida em que se ligue à imagem que de nós lhes transmitimos, confunde-se um pouco com o que fomos, isto é, com o nosso próprio passado. Daí a impressão que tive de que o nascimento dessa criança era fato que não deixava de ter certa íntima e misteriosa correspondência com a primeira página branca do caderno, aberta diante de mim" (Arinos, 1961, p. 1).

pode tratar de todos eles em um único texto. Este estudo do depoimento de Afonso Arinos se limita portanto a determinados temas. O primeiro é o que se pode chamar o "tema de fundo" da entrevista, aquele que, mesmo quando não referido expressamente, dá o tom à fala de Afonso Arinos e ao modo como ele mesmo se apresenta. Por ser central tanto à entrevista quanto a esta análise, necessita ser abordado com vagar.

Já na primeira sessão da entrevista aparece o que se pretende recortar aqui como objeto. Trata-se então da explicação dada por Afonso Arinos sobre sua entrada na política. Perguntado sobre como conciliou as atividades de político e de intelectual ao longo da vida, responde:

> A política em mim não era propriamente uma vocação, embora ela de certa maneira fosse um destino. Destino, eu não direi imposto, mas sugerido pelo meu irmão mais velho, Virgílio. Ele é que me induziu a participar da política pleiteando uma cadeira na Câmara dos Deputados. Até então o meu interesse pela política vinha do estudo da história e do convívio com a história, se a gente pode dizer assim. (...)
>
> Eu não tinha intenção de fazer política, mas meu irmão Virgílio, que foi deputado constituinte em 34, quando se aproximaram os acontecimentos que resultaram na Constituinte de 46, me disse que não entraria na chapa mineira, entre os candidatos de Minas Gerais. Creio que ele tinha um pouco a consciência de sua insuficiência na tribuna. Ele era um líder extremamente forte, muito mais do que eu como líder político, um apaixonado, sectário, bravo. Mas ele não era um homem de tribuna e pressentia que eu era. Porque... No colégio eu tinha sido orador... Eu briguei, acabei não falando. Eu fui eleito orador da turma no Colégio Pedro II... Enfim, ele notava em mim qualquer habilitação para isso, e achava que isso era essencial.
>
> Coisa que hoje eu acho muita graça até – peço licença para um parêntese. Há pouco tempo eu vi em uma revista de grande circulação aqui no Brasil uma reportagem sobre os intelectuais e a política, em que eu apareço junto com Carlos Lacerda como duas expressões de uma época superada – como é, dizem eles,

a oratória. E no entanto não existe lugar nenhum do mundo em que haja política sem oratória. Pode haver oratória sem política, mas política sem oratória não existe (Fita 1-A).

Da citação, um tanto longa, já será possível destacar alguns elementos importantes. Em primeiro lugar, Afonso Arinos data sua entrada na política de dezembro de 1945, quando se candidatou a uma vaga à Assembleia Nacional Constituinte por Minas Gerais na legenda da União Democrática Nacional (UDN).[9] Suas atividades políticas anteriores estão aquém deste marco e não são sequer mencionadas: a participação no *Manifesto dos Mineiros* (1943), na fundação da própria UDN (1945), ou ainda a atuação política necessariamente envolvida na direção dos jornais *Estado de Minas* e *Folha da Tarde*, entre 1933 e 1934, e na fundação, em 1934, junto com o irmão Virgílio, do jornal *Folha de Minas*, órgão de oposição ao governo de Benedito Valadares e a Getúlio Vargas. A julgar por suas palavras na entrevista, essas atividades deveriam fazer parte do período em que o interesse pela política vinha ainda do estudo da história e do ambiente familiar. E no entanto, se percorrermos o primeiro volume das memórias de Afonso Arinos, constataremos que a entrada na Câmara dos Deputados em 1947 ocupa apenas as 21 linhas finais, conforme o próprio planejamento do autor.[10] É certo que os assuntos tratados nas 426 páginas restantes não se restringem à atuação política anterior a 1947: há outros temas que cabem em um livro de memórias. Mas o relato engajado daquela atuação contrasta vivamente com o tom da entrevista concedida 22 anos depois.[11]

---

[9] Nesse pleito, Afonso Arinos alcançou uma suplência, que lhe permitiu assumir uma cadeira de deputado federal em 1947, na vaga aberta pela saída de Milton Campos, que assumia o governo de Minas.
[10] Sobre esse planejamento, cf. Arinos, 1961, p. 335.
[11] Veja-se, por exemplo, como, em 1960, Afonso Arinos relata sua reação ao convite para assumir a direção dos jornais *Estado de Minas* e *Diário da Tarde* em 1933: "A coisa me surpreendeu. De um lado, o meio regime de cura que ainda não encerrara era motivo para que eu recesse a vida ativa, as noitadas forçadas, as emoções de uma *atividade política* em hora tão agitada. De outro lado, o ócio forçado começava a pesar-me, *a herança política atuava*, e *o desejo de participar dos acontecimentos mineiros* não deixava de exercer forte atrativo" (Arinos, 1961, p. 302; grifos meus). Ou ainda, o tom orgulhoso com que se refere à fundação da UDN, partido cujo nome, aliás, é de sua autoria: "Permitida a organização das correntes de opinião em partidos, pudemos solenizar a fundação do nosso, no dia 7 de abril de 1945, em inesquecível cerimônia realizada no auditório da Associação Brasileira de Imprensa" (*ibid.*, p. 412).

Voltaremos a essa questão adiante. Por ora cumpre chamar a atenção para outros elementos que ressaltam do trecho citado. A justificativa da entrada na política se sustenta basicamente em dois fatores: o irmão Virgílio, de um lado, e a habilidade para a oratória, de outro.[12] Esse padrão se repete em outras passagens da entrevista[13] e é possível perceber que ambos os fatores acabam indicando uma relação de oposição entre as noções de "político de ação", de um lado, e "político de palavra" (ou "de oratória"), de outro – noções que correspondem ao estilo político de cada um dos irmãos. Ao contrário de Afonso Arinos, Virgílio seria um líder político apaixonado e bravo, ou seja, um "político de ação", e não um "homem de tribuna".

Essa diferença pode ser acompanhada em um caso concreto: a elaboração do *Manifesto dos Mineiros*, cujo relato obedece a um mesmo percurso tanto na entrevista quanto no primeiro volume das memórias. Em resumo, Afonso Arinos apresenta o caso da seguinte maneira: a *ideia* do manifesto teria sido dele próprio, mas as articulações para sua feitura ficaram todas a cargo do irmão. Na entrevista concedida a Lúcia Hippólito sobre o assunto, a diferença aparece clara:

> O Virgílio era muito mais atuante do que eu no sentido da articulação política. Eu era talvez mais sugestivo do que ele, mas ele mais atuante do que eu. Então aquilo que eu tinha imaginado como uma simples hipótese, ele se atirou como uma presa em cima daquilo, como era do temperamento dele: obstinado e des-

---

[12] Haveria ainda um terceiro fator – o destino –, que nesta citação aparece diluído na atuação do irmão. É possível precisar contudo que o destino de que fala Afonso Arinos é aquele dado pela tradição familiar. Assim, em outro trecho da entrevista: "O Virgílio é que me disse isso (...): 'Nós sempre temos que passar pela Câmara, sempre um de nós está na Câmara. E agora é preciso que seja você.' Ele disse isso" (Fita 13-A). Veja-se, no mesmo sentido, a passagem das memórias em que Afonso Arinos reproduz a conversa com o irmão: "Virgílio (...) insistiu comigo e com o partido para que o candidato fosse eu. 'Todos nós temos de passar pelo Parlamento – disse-me ele – e *você não deve escapar a esta tradição da nossa gente*'" (Arinos, 1961, p. 418; grifo meu).

[13] Cf. Fita 5-A, e Afonso Arinos e Pedro Nava, Fita 2-A. É importante notar que esse padrão não aparece com a mesma ênfase nas memórias de Afonso Arinos. Ali, o processo de entrada na política flui com mais naturalidade e não se percebe ruptura brusca entre o intelectual (o homem de letras, o estudioso da história) e o político. Há, sim, o relato da conversa com Virgílio (ver nota anterior), mas esta não adquire, no conjunto do livro, peso tão expressivo quanto na entrevista. Além disso, a habilidade oratória de Afonso Arinos aparece diluída como *um dos fatores*, e de modo algum o principal, que teriam influenciado a decisão do irmão (cf. Arinos, 1961, p. 418).

temido, com capacidade de agremiação e tal. E ele centralizou as conversas aqui. Então começaram já os passos da redação (Afonso Arinos – Manifesto dos Mineiros, Fita 1-A).[14]

A ausência de *ação* como característica do estilo político de Afonso Arinos ressalta também de um trecho da entrevista em que ele contrapõe a *produção de acontecimentos políticos* à *criação literária*:

> Eu nunca produzi nenhum acontecimento político. Eu fui arrastado por eles e participei de alguns. Eu posso ter influído no desfecho de alguns, mas nunca produzi o próprio acontecimento importante político. (...) Agora, a criação literária, não. (...) Você não controla completamente a produção literária, mas é muito mais produto da gente do que o acontecimento político (Fita 2-B).

A oposição entre "político de ação" e "político de palavras" é elemento básico na entrevista; mesmo quando não aparece explicitamente, permanece subjacente à identidade que Afonso Arinos constrói de si mesmo na relação de entrevista, isto é, para si e para seus interlocutores (as entrevistadoras, o gravador, o público leitor da entrevista etc.). É como "político de palavras", como político do *parla*-mento, que ele se apresenta. Essa identidade adquire, ao longo da entrevista, desdobramentos importantes para a reflexão que aqui se pretende. Principalmente porque "político de palavras" significa, para Afonso Arinos, um privilégio das *ideias* em detrimento dos *fatos*, um privilégio do *conhecimento* intelectual em detrimento da *informação*, de modo que a *ação* que as *palavras* possam desencadear está sempre isenta da responsabilidade dos *fatos* e da *informação*.

Mas é preciso ir por partes, pois isso não é *dito* dessa forma na entrevista. Ainda na primeira fita do depoimento concedido a Aspásia Camargo e Maria Clara Mariani, Afonso Arinos discorre sobre sua forma de "parla-mentar". Trata-se de um trecho importante porque revela como

---

[14] Cf. também a entrevista concedida a Aspásia Camargo e Maria Clara Mariani (Fita 11-B) e o primeiro volume das memórias (Arinos, 1961, p. 398).

a "política de *palavras*" se opõe à informação dos *fatos*, esta última sendo especificidade da *ação*:

> (...) Eu não tinha muito domínio sobre o que eu ia falar. Eu tinha domínio sobre o que eu estava falando – é uma coisa diferente. Eu não tinha domínio sobre o que eu ia dizer daí por diante.
> *Não havia uma planificação de que o senhor tinha que dizer isso, isso e aquilo.*
> Não, era muito raro. Eu nunca escrevia discurso e raramente tomava notas. Bom tempo. [risos]
> *Bom, para quem se definiu mais como espectador do que como militante, eu acho que o senhor foi longe demais, não é?*
> É, eu acho que talvez não tenha sido justo. Falando, eu era um militante, não agindo. Eu tinha uma certa incapacidade para a ação, pelo que ela exige de minúcia e de diligência. A ação exige minúcia e diligência. Por exemplo, mesmo os grandes líderes no Brasil – eu estou falando no Brasil –, eles têm que ter um conhecimento minucioso das circunstâncias em que os fatos estão decorrendo. Eu observei isso no Artur Bernardes, numa fase em que cheguei a frequentá-lo mais assiduamente. Eu ficava espantado como ele conversava com várias pessoas sobre o mesmo fato, como se não tivesse ouvido as pessoas antecedentes. Então ele fazia repetir tudo aquilo que ele já sabia, para ver se havia qualquer aspecto de que ele não estivesse informado. (...) Então essa minúcia eu nunca tive. Eu sou essencialmente um homem mal-informado – outro dia eu dizia isso a um amigo. Eu não tenho informações, eu não sei das coisas que acontecem. Nunca soube. Eu sou muito mal-informado.
> São duas coisas diferentes: a informação e o conhecimento. O conhecimento depende de uma sedimentação mais geral, absorvida e digerida, sei lá. E a informação é a apreensão factual. Então eu não tenho nunca informações, nunca. Uma coisa extraordinária: eu ignoro completamente os fatos. Só depois é que eu os elaboro (Fita 1-A).

E um pouco adiante:

> Até hoje eu sou muito mal-informado. Estranho, não é? O que não quer dizer que depois eu não venha a absorver, a integrar dentro de mim, os acontecimentos. Mas não quando eles estão quentes, não quando eles despertam a curiosidade. (...) Você não encontra fatos nos meus discursos. Procure. Não existem fatos, existem situações que não são factuais. Por exemplo, aquele discurso de que eu não gosto, que será publicado porque é um discurso importante... Não há um fato ali dentro a não ser a notícia de que o presidente tinha dito qualquer coisa. E eu não sabia bem o que era. Ele teria dito qualquer coisa em Minas. Mas não há fatos ali. Meus discursos não apresentam nunca fatos (*id*.).[15]

O trecho citado é novamente extenso, mas permite acompanhar as articulações entre os conceitos que aqui destacamos. Em primeiro lugar, tornou-se mais clara a oposição entre "palavra" e "ação", bem como o privilégio que Afonso Arinos confere àquela quando se refere à sua própria atuação política. Em segundo lugar, sua militância pelas palavras tem um componente irracional: não tinha domínio sobre o que ia dizer, raramente tomava notas e nunca escrevia um discurso. Finalmente, ele se diz, por natureza, mal-informado: não há fatos em seus discursos. (Ver-se-á entretanto como justamente o discurso "de que não gosta" é basicamente construído sobre *fatos* e *informações*.)

A diferença estabelecida entre "conhecimento" e "informação" é correlata às oposições entre "ideias" e "fatos" e entre "político de palavra" e "político de ação". Artur Bernardes era *bem-informado*, sabia dos fatos, tinha a minúcia e a diligência que a *ação* política exige. Já Afonso Arinos tinha o *conhecimento*, que depende de uma sedimentação "mais geral" e da absorção dos fatos. Que o "conhecimento" seja assim da mesma ordem das "ideias" e, portanto, oposto aos "fatos", fica claro quando se

---

[15] O discurso a que se refere Afonso Arinos, ao qual ainda voltaremos neste capítulo, é aquele que proferiu em 13 de agosto de 1954 na Câmara dos Deputados, como líder da UDN, pedindo a renúncia de Getúlio Vargas. Ele é um dos 25 anexos que foram publicados na segunda parte do livro *O intelectual e o político*.

compara o trecho citado com uma das passagens da entrevista em que Afonso Arinos se ocupa do diagnóstico da situação política à época da entrevista:

> O Brasil precisa sobretudo de ideias. Eu nunca vi tantos fatos decorrerem de tão poucas ideias, como está acontecendo hoje no Brasil. É uma coisa impressionante... E no entanto a significação e a importância dos fatos decorre da significação e da importância das ideias. Quer dizer, os fatos são o sêmen das ideias que os criam (Fita 22-A).

Ou seja: tanto o "conhecimento" quanto a "ideia" precedem, em importância, o "fato". As informações factuais não são nada além do que elas mesmas, enquanto o conhecimento, isto é, a absorção e a elaboração dos fatos, é condição para o surgimento de ideias.

Já terá ficado claro o quadro de oposições sobre o qual queremos chamar a atenção aqui: de um lado, "palavra", "conhecimento" e "ideia"; de outro, "ação", "informação" e "fato". É no primeiro conjunto que Afonso Arinos situa sua atuação política e é por ele que justifica sua entrada na política. Tal ancoramento, que funda sua identidade para si e para os interlocutores, acaba legitimando a ausência dos termos do segundo conjunto na imagem que constrói de sua atuação política: é essencialmente um homem mal-informado e nunca produziu um acontecimento político importante.

Esse modelo de construção da identidade é o tom que predomina na entrevista como um todo. Entretanto, dado o caráter problemático das dicotomias que o fundam, a entrevista é também prova da oscilação entre os termos. Assim é que se, de um lado, Afonso Arinos retira da "palavra" o peso da *ação política*, de outro, contudo, afirma não haver política sem oratória. Tomaremos essa oscilação como indicativa de certo pensamento político liberal, em que são recorrentes os deslocamentos entre "ideias" e "fatos", entre "nomes" e aquilo que designam.

O exame dessa questão desdobrar-se-á em dois itens. O primeiro trata do modo pelo qual Afonso Arinos fala de sua atuação na UDN, partido que integrou desde a fundação (1945) até 1965, quando foi extinto pelo Ato Institucional nº 2. Verificar-se-á que a explicação de Afonso Arinos sobre seu desempenho na UDN reitera o modelo baseado na dicotomia "palavra" *versus* "ação". O segundo item é uma espécie de contraprova: trata-se de examinar o significado do discurso que Afonso Arinos proferiu na Câmara dos Deputados em 13 de agosto de 1954 pedindo a renúncia de Getúlio Vargas – discurso que, na própria entrevista, aparece como ponto nevrálgico daquele modelo.

Na liderança da UDN: "aquele que falava"

Maria Victoria Benevides, em seu estudo *A UDN e o udenismo: ambiguidades do liberalismo brasileiro (1945-1965)* (1981), refere-se com frequência à posição de Afonso Arinos no partido: junto com Milton Campos, ele encarnaria a imagem do "bacharel liberal", situando-se entre os chamados "udenistas históricos", em oposição à ala radical da UDN carioca personificada por Carlos Lacerda.[16] Segundo Maria Victoria, é típica dos livros de e sobre Afonso Arinos e Milton Campos uma retórica da inapetência pelo poder, que se estenderia à imagem do partido como um todo. "Essa 'não vocação para o poder'", diz a autora, "explicaria, em parte, o apelo a candidaturas militares ou extrapartidárias, assim como a ineficiência do partido quando chega ao poder."[17] Entretanto, lembra Maria Victoria, essa tendência não é evidentemente comum a todos os udenistas: "Os pragmáticos, os realistas, os lacerdistas, sempre perseguiam o poder."[18] Nesse sentido, pode-se dizer que entre o partido e sua imagem ocorrem necessariamente deslocamentos, o que não deve significar contudo que ambos sejam excludentes quando se trata de entender o udenismo: é a ambiguidade do partido que funda sua identidade, como bem indica o subtítulo que Maria Victoria dá a seu livro.

As referências que Afonso Arinos faz à sua atuação na UDN em diferentes pontos da entrevista corroboram em grande medida a análise de Maria Victoria. Curiosamente, em uma das últimas sessões da entrevista,

---

[16] Cf. Benevides, 1981, p. 114, 142, 260-261.
[17] *Ibid.*, p. 272.
[18] *Ibid.*

ele se pronuncia contra o estudo da autora e apresenta, como argumento, noções até então ausentes de seu depoimento: a mocidade, o desprendimento, a alegria da bancada, que fariam da UDN o fenômeno partidário mais importante da República.[19] Mas em todo o resto da entrevista, o tom é basicamente outro: a UDN era um fenômeno estranho, um partido de "energúmenos" e "insensatos", não havia projeto político nem se fazia política.[20] A diferença pode ser explicada mais uma vez pela ambiguidade, que permitiria criticar e ao mesmo tempo se engajar no partido, mas o importante é que ela revela que, por mais que Afonso Arinos se apresente como *afastado* do partido (e dos anseios de poder), sua identidade política não prescinde do *pertencimento* à UDN.

O que se quer ressaltar neste item é a continuidade temática com os elementos destacados no item anterior. Se Maria Victoria situa Afonso Arinos dentro do partido como "udenista histórico", "bacharel" ou ainda

---

[19] "Olhando à distância eu acho que a União Democrática Nacional foi o fenômeno partidário mais importante que houve na República. A gente compreende... Porque tem uma senhora lá de São Paulo que fez uma tese sobre a UDN; não gosta da UDN. (...) Ela não gosta. Eu acho que ela está no direito dela e tal. Mas é incompleta a análise: há uma parte de mocidade, de confiança, de alegria... Eu me lembro do negócio como era. (...) Então eu me lembro do que era aquele impulso de desprendimento e de alegria, de agressividade, de solidariedade, de oratória, de tribuna... Era uma coisa que nunca houve no Brasil. Eu sou historiador e tenho me preocupado com a história da República; nunca vi uma coisa assim" (Fita 25-A).

[20] Algumas passagens que se espalham ao longo da entrevista podem dar conta desse tom. Assim, por exemplo, o liberalismo político da UDN "representava talvez mais uma resistência à ditadura do que um compromisso com a ação do próprio partido se estivesse no poder" (Fita 1-B). E, no mesmo sentido: "Olha, eu vou dizer uma coisa um pouco arriscada; parece complicado mas não é: a UDN era mais contra a ditadura do que a favor da liberdade. Porque onde ela se implantava, ela se impunha" (*id.*). Confrontando-se essas afirmações com algumas passagens do livro de Maria Victoria verifica-se que o diagnóstico nos dois casos é semelhante: "a UDN é progressista no que se opõe, reacionária no que se propõe", escreve duas vezes Maria Victoria (Benevides, 1981, p. 250, 281). Ou ainda: "A reação a alguma coisa, a rejeição do getulismo, torna-se a fixação udenista e o corolário de seu liberalismo" (*id.*, p. 250). E Afonso Arinos, na entrevista sobre o *Manifesto dos Mineiros*, sintetiza: "O grande defeito da UDN é que ela não queria governar; ela queria combater os governos, entende? Eu, por exemplo, nunca tive nenhuma inclinação a ser governo, eu sentia inclinação para espinafrar o governo" (Afonso Arinos - Manifesto dos Mineiros, Fita 1-A). Finalmente, o caráter ambíguo do partido também aparece na entrevista em seguida a um comentário de Aspásia Camargo sobre o fato de vários membros da UDN (Eduardo Gomes, Prado Kelly, Clemente Mariani, Milton Campos) não terem muito gosto pela política. Perguntado se isso não teria sido comum ao partido, Afonso Arinos responde: "É, isso mesmo. E no entanto com grande paixão pela política, isso é que é estranho, porque eles não faziam outra coisa. *Só que não faziam essa coisa*. [risos]" (Fita 10-A; grifo meu). (Sobre os adjetivos "energúmenos" e "insensatos" aplicados aos colegas de bancada, cf. Fita 14-B).

membro do grupo de "reputados 'liberais'",[21] a definição dada por Afonso Arinos alarga esse escopo corroborando o quadro de oposições referido anteriormente: "o que eu era", diz ele, "era o homem que falava". Assim, todo seu desempenho parlamentar, inclusive como líder da bancada da UDN ao longo de sete anos, será marcado pelos mesmos fatores que fundaram seu ingresso na política: a habilidade da palavra, de um lado, e a falta de informação e de ação política, de outro.[22]

É interessante observar que essa postura de afastamento das *ações* do partido coincide com uma visão da própria UDN como partido que, ele mesmo, não tinha projeto político que orientasse as decisões. Se Afonso Arinos era "aquele que falava" dentro do partido, *aquilo* que falava aparece frequentemente desprovido de signific*ação*. Assim por exemplo:

> Eu tive desde logo a percepção do que eu representava dentro do partido. Eu representava dentro do partido um camarada que não tinha nenhuma influência nas decisões propriamente políticas e que era um ornamento de tribuna. Eu era um homem para falar as coisas, sabe? Eu era isso. Por isso é que eu fiquei na liderança sete anos. Ninguém me tirava da liderança.
>
> *Mas as grandes decisões, não era o senhor que tomava?*
>
> Não.
>
> *Quem é que tomava?*
>
> Ninguém. Eu acho que ninguém. (...) A segunda candidatura do Brigadeiro, por exemplo, é uma coisa estranhíssima. (...) Nós estávamos muito resistentes ao negócio da segunda candidatura

---

[21] Benevides, 1981, p. 114, 142, 260-261.
[22] Cabe notar que essa forma de apresentação de sua atuação parlamentar contrasta novamente com o texto de suas memórias, desta vez o segundo volume, que se abre em 1947 e se encerra com a vitória de Jânio Quadros na eleição presidencial de 1960, cobrindo portanto todo período de atividade parlamentar de Afonso Arinos antes de assumir o Ministério das Relações Exteriores no governo Jânio. Este segundo volume foi escrito entre dezembro de 1961 e maio de 1965, ano em que foi publicado, e seu tom é acentuadamente informativo e testemunhal. Ele contém descrições de acontecimentos, análises de decisões tomadas pelo partido, testemunhos de fatos e perfil de parlamentares, além de discursos transcritos, cartas, telegramas, poemas etc. Em suma, nele há muito mais *o que informar* do que transparece da postura de afastamento que predomina na entrevista.

do Brigadeiro. Nós achávamos um desastre. Um grupo lá: eu, o Artur Santos e uns outros tantos. Mas era inevitável. (...) E o próprio Brigadeiro não queria muito não, sabe? Era uma coisa muito complicada aquele negócio da UDN. Era muito estranho aquilo, sabe? Muito estranho.

Mas a impressão que se tem é que não havia outro candidato.

Pois é, precisava sempre de um para perder, não é?

Era uma espécie de coisa quase psicanalítica: a vocação da...

Da derrota.

Com o Getúlio para ganhar, não é?

Com o Getúlio para ganhar. Getúlio só perdeu quando a coisa ficou na paixão do Carlos e na minha oratória. Foi isto (Fita 10-A).

Ou seja: se Afonso Arinos não tinha influência nas decisões políticas – o que, para ele, significa ser apenas o homem "para falar as coisas" –, também não havia quem tomasse as decisões. Curiosamente, entretanto, foram suas *palavras*, e a paixão de Lacerda, que consubstanciaram uma das *ações* mais relevantes do partido: o xeque-mate a Getúlio em 1954.

Outra passagem reproduz uma conversa com Aliomar Baleeiro. De um lado, ela ilustra mais uma vez a importância da oposição entre "palavra" e "ação" na forma como Afonso Arinos apresenta sua atuação política; de outro, ela reforça a visão da UDN como partido desprovido de *posições políticas*.

Eu me salvava pelas palavras, não pelas ações. Eu sempre predominava pelas palavras. Então, uma vez, discutindo com Baleeiro, que queria me expulsar da liderança porque me achava muito morno... E eu tinha certeza de que ele não conseguia. Bastava botar em votação a proposta dele. Eu diria: "O Baleeiro está querendo que eu saia. Então eu quero que a bancada vote. Se a bancada aprovar, eu saio." Mas eu não queria fazer isso, porque era humilhar o Baleeiro, de quem eu gostava muito. (...) Então eu disse assim: "O líder não *imprime* posições; o líder *exprime*

Então, se vocês não têm posições, a culpa não é minha. Eu continuo captando, procurando essas posições. Eu não consigo exprimir uma coisa que não existe." (...) Então, diante dessas palavras – porque o que o convenceu foram essas palavras... (Fita 1-B; 273).

Finalmente, Afonso Arinos justifica seu papel dentro da UDN ("aquele que falava") por uma postura de afastamento dos grupos que integravam o partido. Trata-se aqui de um trecho da mesa-redonda de 8/2/1983:

O meu partido tinha reservas a meu respeito, dos dois lados: havia os radicais mais exaltados que me achavam morno – como dizia Aliomar Baleeiro, que acabamos numa grande amizade, mas também tivemos vários atritos... (...) E ao mesmo tempo eu não era muito bem aceito pelo outro extremo da bancada, que era o extremo colaboracionista, porque eu era anticolaboracionista. Então, como eu não era nem exaltado nem colaboracionista, eu não era mesmo uma influência política dentro do parlamento. *O que eu era era o homem que falava*. Isso eu sempre fui. Então eles precisavam de mim porque queriam que eu falasse. E quando se colocava o problema da minha autoridade, então eu falava. E quando eu falava, eu ganhava deles. E isso faz com que eu insista na minha posição de que eu nunca fui senão um observador bem situado. Eu era um homem que tinha uma boa posição no Maracanã. Mas nunca fiz fila para entrar...

Então se a gente pudesse levar essa comparação mais longe, o senhor era o homem que fazia o gol. [risos]

Dependendo do jogo, dependendo do tipo do jogo. Infelizmente eu tive ocasiões em que eu fiz alguns de que me desgosto até hoje. Inclusive o tal gol de 54 que vocês todos acham importante – aquele discurso. Eu não gosto nada daquilo. Tenho repetido muitas vezes isso. Eu disse para a Aspásia: nunca ouvi (Fita 13-A; grifo meu).[23]

---

[23] O discurso de 13/8/1954 está gravado em disco.

Ser "aquele que falava" significa portanto não ter compromissos com os setores partidários, como se o "observador bem situado" pairasse acima do jogo de influências políticas, dos "fatos" de dentro do parlamento, sustentado pelo dom da palavra, pelo qual "ganhava deles". Que esse modelo implicasse ainda a ausência de *informação* é elemento recorrente na entrevista. Assim, por exemplo, perguntado pela ligação da UDN com os militares, Afonso Arinos responde:

> Mas eu nunca tive muita informação da parte militar; isso era uma coisa que... É por isso que eu digo: eu nunca fui muito bem-informado. Eu, por natureza, sou um sujeito mal-informado. Outro dia perguntei quando era o dia da eleição na Academia, os sujeitos começaram a rir. (...) Eu não sou curioso dos fatos, não tenho curiosidade sobre os fatos. *Les événements m'ennuient* [risos] – tem aquela frase do...
> *O senhor se interessa pelos processos, não é?*
> É, pelos problemas, pelas realizações, pelas pessoas. Mas os fatos... (Fita 16-B).

Outro trecho da entrevista reitera a correlação entre, de um lado, sua função na UDN – "aquele que falava" – e, de outro, a *ausência* de informação e de compromissos políticos dentro do partido, como se "falar" o eximisse de responsabilidades diretas com os "fatos". O assunto é novamente a ligação com os militares:

> *Uma facção da UDN começou então a trabalhar intensamente essa ideia de aliança com os militares. Como o senhor reagiu a essa tendência?*
> Eu notava isso, observava isso, mas eu não estava solicitado pelos companheiros que tinham essa opção, ou que preferiam essa solução. Eu nunca conspirei com os militares. Nunca. Eu sempre via que eles estavam fazendo isso, mas como sempre eu ficava... (...) Como eu estou dizendo a você: eu sempre fui um sujeito que eles mandavam para falar [risos]" (Fita 14-B).

Veja-se, no mesmo sentido, o trecho da entrevista em que o assunto é a tese da maioria absoluta defendida pela UDN após a eleição de Juscelino Kubitschek:

> Mas o senhor defendeu a tese da maioria absoluta.
> Eu?
> É.
> Não diga!
> O senhor defendeu, o senhor foi a pessoa que encaminhou na Câmara a tese da maioria absoluta depois da eleição de Juscelino.
> Então me mandaram fazer isso. Eu não acreditava, não (Fita 14-B).

Foi dito acima que *aquilo* sobre que falava Afonso Arinos muitas vezes aparece desprovido de *significação*. Essa afirmação decorre não apenas da "ausência de uma linha partidária nítida",[24] como destaca o próprio Afonso Arinos (*ninguém* tomava as decisões, não era possível exprimir posições inexistentes etc.), mas de uma espécie de apagamento da responsabilidade de *autoria* das palavras: se Afonso Arinos era "aquele que falava", *aquilo* sobre que falava podia ou não ser de sua "autoria". Quando *não* era de sua autoria, falava como porta-voz do partido; quando *era* de sua autoria, muitas vezes perdia o controle sobre o que estava falando, como já foi observado acima.

O caráter indefinido da autoria do discurso aparece bastante claro na passagem abaixo, em que se alternam expressões como "eles manda[vam] falar" e "eu dizia o que queria". Perguntado se, na questão do Acordo Militar Brasil-Estados Unidos, a UDN agiu a pedido de Eduardo Gomes, Afonso Arinos responde:

> Não digo que tenha sido a pedido, mas... Essa parte eu não sei. Porque eu nunca dirigi o partido. Eu sempre fui na UDN o sujeito que fala, que *eles mandam falar*. Então eu ia para a tribuna. Eles não me dirigiam o que eu ia falar. Mas eu servia... para falar. Eu nunca fui dirigente do partido, não tive nunca nenhuma influência

---

[24] A expressão é tomada de empréstimo a Maria Victoria Benevides, que com ela cunha a "hipótese que se repete monotonamente" em seu estudo da UDN (cf. Benevides, 1981, p. 206).

na direção. É claro que eu nunca me subordinei a eles, não é? Eles quiseram mais de uma vez tirar a minha liderança, houve grupos que quiseram me tirar da liderança em certos momentos. Aí a bancada reagia. Mas reagia porque eu era o homem que falava. Eles me mandavam para a tribuna. E eu lá me servia. *Eu dizia o que queria* (Fita 25-B; grifos meus).

O que ressalta de todo esse conjunto de citações é, em primeiro lugar, a confirmação do modelo discutido no item anterior, através do qual Afonso Arinos constrói uma visão de si mesmo e de sua atuação política, para si e para seus interlocutores. Ser "aquele que falava" na UDN significava estar acima dos interesses políticos imediatos responsáveis pelas *ações* do partido, e suficientemente *mal-informado* para adotar uma postura de afastamento. O único momento em que tal padrão parece oferecer dificuldades é o discurso de 13/8/1954 pedindo a renúncia de Getúlio Vargas. Neste, as *palavras* se transformam em *ação*, não só "derrubam o governo", como desembocam em um ato trágico – o suicídio de Vargas –, onde emudecem em sentido.

Antes, porém, de nos ocuparmos desse tema, é necessário destacar algumas conclusões que decorrem da investigação desenvolvida até aqui. São basicamente duas.

A primeira retoma a pergunta de fundo deste texto sobre a validade de entrevistas de história oral com pessoas que já deixaram registro escrito de suas histórias de vida. Notou-se em diversos momentos da discussão acima que a forma como Afonso Arinos explica sua trajetória política na entrevista é bastante diferente daquela que se pode encontrar em suas memórias, principalmente nos dois primeiros volumes. *Grosso modo*, pode-se dizer que a uma postura de *afastamento* da política, na entrevista, se contrapõe uma postura de *engajamento*, nas memórias. Isso significa, em primeiro lugar, que a entrevista *não repete* o texto autobiográfico: trata-se, em ambos os casos, de dois registros distintos produzidos em momentos também distintos. E é na diferença entre os momentos de constituição dos dois registros que cabe procurar uma explicação para a mudança de postura.

As datas de publicação dos dois volumes de memória (1961 e 1965) são marcadas por uma conjuntura favorável para a UDN na evolução dos acontecimentos políticos no país. Em 1961 essa conjuntura é clara: depois de três campanhas eleitorais sucessivas em que a UDN perdeu para os candidatos da aliança Partido Social Democrático-Partido Trabalhista Brasileiro (Dutra, Getúlio e Juscelino), essa é a primeira vez em que o partido assume a presidência da República com a vitória de Jânio Quadros nas eleições de 1960. O ano de 1965 representa novamente uma situação favorável, após o interregno causado pela renúncia de Jânio e o governo João Goulart, na medida em que a intervenção militar de 1964 era tida como solução necessária para a crise do país. No dizer de Maria Victoria Benevides: "Em 1964 a UDN considerava-se o partido vitorioso. Consolidava a sempre perseguida ascensão ao poder em aliança com os militares, na conjugação quase perfeita do antigetulismo com o anticomunismo."[25]

Entre 1965 e 1982, ano do início da entrevista concedida ao CPDOC, o quadro mudaria significativamente, não só do ponto de vista político mas também pessoal – lembre-se que Afonso Arinos contava 77 anos em 1982, contra os 53 que tinha ao iniciar suas memórias.[26] Entre um momento e outro dá-se o que Maria Victoria Benevides chama de "fase de autocrítica", posterior ao governo Castelo Branco e que marca o afastamento gradual de setores da UDN do sistema militar.[27] Em entrevista concedida em março de 1978 e citada por Maria Victoria, Afonso Arinos afirmaria: "Eu estava fora da Revolução, embora a par dela. Estava alheio ao movimento e tinha muito receio com relação a muitas coisas que acabaram acontecendo."[28]

Nesse sentido, pode-se dizer que, ao contrário das memórias, o momento de realização da entrevista concedida ao CPDOC é aquele em

---

[25] Benevides, 1981, p. 281. Isso não significa entretanto, ainda segundo Maria Victoria, que o autoritarismo udenista tivesse um caráter fascista: sua ineficiência ao assumir o poder é manifesta nos governos Café Filho, Jânio Quadros e Castelo Branco, nos quais o partido se considerava "no poder", mas, nas palavras da autora, "permanecia inoperante em termos reais do processo decisório" (ibid.).
[26] No que diz respeito às mudanças de cunho pessoal, cabe notar que a postura de afastamento da política predominante na entrevista é compensada por um engajamento no campo intelectual, preferência que Afonso Arinos atribui à proximidade da morte: "Quando a gente se sente realmente idoso (...), a gente vai atribuindo muito mais importância ao que Deus te deu de perdurar através do espírito. Então isso vai dando uma importância muito maior à possibilidade de escrever um novo livro do que à de ser governador da minha terra – a gente dá muito mais importância. Porque eu sei que ser governador é uma coisa que dura poucos anos e acaba comigo, ao passo que escrever um livro pode durar mais" (Fita 3-A).
[27] Cf. Benevides, 1981, p. 133.
[28] Mota, 1981, p. 110.

que o projeto político de Afonso Arinos não é mais vitorioso. Isso não significa que ambos os registros sejam excludentes, que um seja "mais autêntico" do que o outro, ou ainda que ambos sejam basicamente "falsos" por constituírem apenas "versões" do que aconteceu "de fato". É sabido que a produção de qualquer documento é condicionada pelo contexto em que foi produzido, e não é por isso que existirão documentos "mais falsos" ou "mais verdadeiros" que outros. O importante a ressaltar aqui é que, apesar de Afonso Arinos já haver concluído, com suas memórias, um projeto de construção da própria identidade, a entrevista revela, finalmente, que tal projeto é, ele mesmo, contingente – o que não quer dizer, de modo algum, que ele tenha perdido sua "validade" de construção autobiográfica, como, aliás, o próprio Afonso Arinos indica ao eleger suas memórias como obra sua predileta.[29]

A segunda conclusão que se pretende destacar aqui diz respeito à forma como Afonso Arinos fala de seu papel na UDN e da atuação do próprio partido. Costuma-se dizer que o trabalho com a história oral envolve basicamente o estudo de *versões* sobre o passado. O que queremos acentuar aqui é o caráter *real* dessas "versões", muitas vezes confundidas com "distorções da realidade". A "versão" de Afonso Arinos sobre sua atuação na UDN e sobre o próprio partido não é aqui uma simples "criação" do entrevistado. Ao contrário: ela *depõe* sobre a UDN e sobre o udenismo, sobre as contradições e ambiguidades do liberalismo brasileiro, conforme já destacava Maria Victoria Benevides.

Em seu estudo, Maria Victoria analisa o legado da tradição liberal brasileira de que a UDN se dizia "legítima herdeira"[30] e conclui que "as raízes históricas do liberalismo inspirador já continham toda a carga de ambiguidades e contradições" que se verificariam no próprio udenismo.[31] Roberto Schwarz, para designar essas ambiguidades, cunharia a expressão "as ideias fora do lugar", título de seu conhecido ensaio, também citado por Maria Victoria. Deste ensaio, importa-nos reter uma proposição básica: reconhecer o enviesamento a que as "ideias liberais"

---

[29] Cf. Afonso Arinos e Pedro Nava, Fita 2-A.
[30] Cf. Benevides, 1981, p. 241-ss.
[31] *Ibid.*, p. 251.

foram submetidas no mundo do escravismo e do "favor" não implica, segundo Schwarz, limitar-se à sua "falsidade"; mais vale acompanhar o enviesamento e reconhecê-lo como "verdadeiro":

> Em resumo, as ideias liberais não se podiam praticar, sendo ao mesmo tempo indescartáveis. Foram postas numa constelação especial, uma constelação prática, a qual formou sistema e não deixaria de afetá-las. Por isso, pouco ajuda insistir na sua clara falsidade. *Mais interessante é acompanhar-lhes o movimento, de que ela, a falsidade, é parte verdadeira.*[32]

Ou seja: se as ideias foram colocadas "fora do lugar", isso não retira dos deslocamentos seu caráter de *realidade*, nem tampouco retira-o da "utilização imprópria dos nomes", que, para Schwarz, é a *natureza* daqueles deslocamentos.[33]

Nesse sentido, quando identificamos na entrevista de Afonso Arinos enviesamentos entre, de um lado, a "ideia" de partido e, de outro, aquilo que ele fala da UDN e de seu papel como líder, isso não significa que a UDN tal como a apresenta seja uma "falsidade". Se a UDN parece às vezes um partido que não era partido e se no próprio pensamento de Afonso Arinos não está sempre claro por que fazia parte de tal agremiação, esses deslocamentos remontam a uma certa formação das elites brasileiras (intelectuais e políticas), que faz com que a entrevista nos informe, sim, sobre o liberalismo brasileiro e o udenismo, na exata medida em que Afonso Arinos é expoente tanto de um quanto de outro.

O discurso de 13 de agosto de 1954

Já se notou acima como o discurso de 1954 pedindo a renúncia de Getúlio Vargas é uma espécie de calcanhar de aquiles no modelo

---

[32] Schwarz, 1981, p. 22; grifo meu.
[33] "Conhecer o Brasil era saber destes deslocamentos, vividos e praticados por todos como uma espécie de fatalidade, para os quais, entretanto, não havia nome, pois a utilização imprópria dos nomes era a sua natureza" (Schwarz, 1981, p. 22).

de explicação que Afonso Arinos dá de sua atuação política: com ele, as *palavras* se transformaram em *ação* e passaram a fazer parte, de maneira irreversível, de um drama trágico da história do país, de modo que se tornou impossível escapar a seus efeitos. Até 1985, nas comemorações de seu 80º aniversário, Afonso Arinos declararia em entrevistas à imprensa arrepender-se do discurso.[34] E na entrevista concedida ao CPDOC fornece a dimensão exata daquela irreversibilidade quando, referindo-se à crise de 1954, comenta: "Eu não sei, eu pensei que não sobrevivesse muito tempo" (Fita 14-A). Ou seja: o que está em jogo nesse caso não é apenas a queda de um presidente, mas sua morte trágica, da qual só seria possível escapar "não sobrevivendo por muito tempo". Nesse sentido, não é difícil compreender por que o discurso de 13 de agosto causa tanto pesar a Afonso Arinos.[35]

Alguns trechos da entrevista podem dar conta do que foi, na visão de Afonso Arinos, aquela inversão das palavras em ação. Notar-se-á neles a repetição de noções já discutidas anteriormente, como a falta de controle sobre as palavras e o fato de estar mal-informado. É possível dizer que, para Afonso Arinos, o discurso de 1954 se transformou em *ação* à revelia dele mesmo. Assim, por exemplo:

> *Quer dizer: a coisa [da UDN] era oposição mesmo, que era derrubar Getúlio.*
>
> Exatamente.
>
> *Por isso é que foi talvez a ação na qual a UDN foi mais unívoca e mais efetiva historicamente.*
>
> É. E eu, da minha parte, entrei naquilo um pouco sem perceber. É o tal negócio: não estava informado.

---

[34] Cf. *O Globo*, 24/11/1985, e *Folha de S. Paulo*, 27/11/1985.
[35] Numa passagem da entrevista em que Afonso Arinos mais se expõe sobre esse assunto, é possível verificar como o suicídio de Vargas teve para ele implicações pessoais: "Aquilo foi para mim também um trauma pessoal, sabe? Foi um trauma pessoal. Porque eu senti de repente a participação que nós tínhamos tido, não é, naquele episódio todo. Quer dizer, era uma coisa muito difícil. Quando eu soube da morte dele eu tive um sentimento terrível porque... Aí é que está a coisa. Eu nunca disse – vou dizer agora pela primeira vez: eu pensei no meu pai. Aqueles filhos, aquilo tudo... Eu pensei: se meu pai tivesse tido um fim assim, não é? – eu fui muito ligado a ele. Isso teve para mim um choque danado, sabe? (...) Porque eu me lembrei dos filhos dele. E era só essa ideia que eu tinha, não é? Ele ficou acuado como um cão dentro daquele palácio; todos aqueles lobos atacando, atacando... (...) Até que ele se mata lá dentro. Isso me desgostou, me deu um enjoo, eu não... Não sei, é muito difícil, foi uma coisa..." (Fita 16-A).

O que o senhor quer dizer com isso?

Porque aquele discurso, eu não podia prever o desfecho. Eu não estava sabendo o que podia acontecer daquilo. E eles estavam.[36]

O senhor acha que o senhor pode ter sido usado?

Não chegaria nesse ponto, mas aproveitado. Porque quando eu desci da tribuna, o Pereira Lima (...) me abraçou e disse: "Você derrubou o governo." Eu fiquei espantadíssimo. Eu fiquei assim sem saber quando ele me disse "Você derrubou o governo". E aí essa coisa foi embora. Eu não digo que tenha sido só aquele... [o discurso]

O senhor não tinha o controle do cenário.

Nada, nada. E o Capanema também não tinha, não. O Capanema é como eu: o Capanema é mal-informado [risos] (Fita 1-B).

Ou ainda:

Essa trama toda pessoal que envolveu o Getúlio, como se poderia avaliar isso hoje?

É uma fatalidade. A história está cheia desses mistérios. Quer dizer, são movimentos de alma muito profundos, movimentos psicológicos... É uma fatalidade. O fato em si, o país todo estava vítima de um transe terrível. Olha, no dia em que eu fiz o discurso, eu embarquei para Belo Horizonte – um pouco para fugir da atmosfera do discurso. Porque quando eu desci da tribuna, o Pereira Lima... (...) Ele me abraçou chorando, soluçando: "Você derrubou o governo e tal." Eu saí com uma impressão muito desagradável.

Porque não era isso que o senhor queria?

---

[36] É comum, na entrevista, que Afonso Arinos utilize o pronome "eles" quando quer marcar uma posição diversa da de seus companheiros de partido: "eles mandavam falar", "eles estavam sabendo" etc. Nessas ocasiões, o pronome pessoal acaba fazendo as vezes de "indefinido".

Eu não me dominei. Foi uma das raras vezes em que eu perdi o controle completamente. Eu ouvia o que eu estava dizendo como se fosse uma outra pessoa que estivesse falando, entende? (Fita 14-A).

E finalmente:

Mas quando o senhor fez o famoso discurso pedindo a renúncia, o senhor acha que fez isso em nome deles, nesse caso? Atendendo aos desejos desse grupo mais radical? [Pergunta formulada após uma referência de Afonso Arinos à tentativa de Aliomar Baleeiro de retirá--lo da liderança da UDN.]

Não. Aquilo é resultado de uma coisa que me agravou muito: é que ele nos chamou de mentirosos lá em Minas. Eu falei mais do que eu queria.

Quando ele foi à Mannesmann?

É, aquilo é uma resposta. Todo mundo já esqueceu. Ele disse que nós estávamos mentindo.

Quer dizer, mentira, o atentado?

E a urdidura, e as consequências; enfim, que o panorama que nós tínhamos criado era uma grande mentira. E aquilo... Eu fiquei danado da vida. Mas ali – e eu digo isso na *Alma do tempo*, se eu não estou enganado – eu falei mais do que eu queria, eu não me contive. Primeira vez que eu não tive nenhum controle. (...) Eu não podia me controlar, a ponto de eu ouvir minha voz como se fosse uma outra pessoa. Eu tive uma espécie de histeria, sabe? Foi uma coisa incrível.

O que o senhor quis dizer quando disse que estava mal-informado? (...) Que o senhor não sabia que aquele discurso ia provocar o que provocou...?

Eu não sabia. Quem me disse que o discurso... foi o Pereira Lima. Quando eu desci da tribuna, assim meio estonteado (...), o Pereira Lima (...) me abraçou assim muito comovido e me disse: "Você derrubou o governo." Eu disse: "Ah, não derrubei, que besteira e tal." E ele: "Derrubou o governo. O governo não resiste a esse discurso." Ele me disse isso. E aí quando eu... Nós embarcamos nessa noite para Belo Horizonte. Não tivemos repercussão nenhuma do discurso. (...) Quando nós chegamos em casa encontramos um bilhete do Francisco, dizendo que tinha recebido telefonemas durante toda a noite, a começar por Eduardo, que não falava com ninguém. (...) Então Eduardo telefonou lá pra casa, enfim, estava um entusiasmo danado, estava todo aquele pessoal, compreende? Aquela rapaziada toda da Aeronáutica e tal. E eu não tinha ideia de que ia acontecer isso, não tinha ideia (Fita 16-B).

Destacam-se desses relatos alguns elementos importantes. Em primeiro lugar, a transformação do discurso em ação ("você derrubou o governo") foi *comunicada* a Afonso Arinos: por Pereira Lima, por Eduardo Gomes, pelos telefonemas etc. Neste contexto, estar "mal-informado" significa não saber dos *efeitos do discurso* – matéria que parece ser antes da ordem do *conhecimento* (dos processos, dos problemas, da elaboração dos fatos) do que da *informação factual*, se recapitularmos a distinção feita pelo próprio entrevistado. O motor do discurso, ao contrário, é de ordem *factual*: o fato, que "todo mundo já esqueceu", de Getúlio ter chamado a ele e a seus companheiros de mentirosos. Nesse sentido, pode-se dizer que à transformação de "palavra" em "ação" corresponde uma inversão entre "conhecimento" e "informação" – como se os conceitos utilizados por Afonso Arinos para definir sua trajetória política estivessem "fora do lugar" no momento em que trata desse *acontecimento* crucial de sua vida parlamentar.

Finalmente, o problema da *autoria* do discurso se repete nos relatos transcritos acima. Desta vez, Afonso Arinos não foi "mandado falar" (apesar de ter sido "aproveitado"), mas tampouco tinha o controle sobre o que dizia: "aquele que falava" não era nem o "porta-voz", nem "ele mesmo", e sim "como se fosse outra pessoa". Um componente irracional, uma "espécie de histeria", explica afinal a origem de uma ação feita à revelia do ator.[37]

---

[37] Cabe notar que, nas memórias de Afonso Arinos, o relato desse acontecimento-chave de sua vida parlamentar não se afasta muito, do ponto de vista do "roteiro", daquele que faz na entrevista. A ênfase é certamente outra, mas o relato percorre os mesmos itens: a repercussão do discurso, o desgosto em relação a ele, o descontrole e finalmente a "comunicação" feita por Pereira Lima. O relato se inicia com uma qualificação do discurso: "o mais conhecido discurso que proferi em todos os meus longos anos de Congresso". E prossegue: "Ainda hoje não é raro que me falem

O que foi, pois, esse discurso, motor de tamanha perturbação no modelo de atuação política construído por Afonso Arinos? Em que consistiram suas palavras, a que todos reconheceram a força de uma ação irreversível? Qual foi esse ponto alto da carreira parlamentar de Afonso Arinos, abortado logo a seguir por um ato mais radical, capaz de emudecer o primeiro?

"Mas, que é a verdade?" é o título do discurso – frase emprestada a Pôncio Pilatos, conforme o próprio Afonso Arinos. Não é a "verdade filosófica" que importa a ele no discurso, mas curiosamente a verdade *dos fatos*. "Não há fatos em meus discursos", diz na entrevista, mas este de 13 de agosto se constrói sobre eles. Assim, se Getúlio os chamou de mentirosos, pergunta:

> Será mentira a viuvez, o crime, a morte, a orfandade? (...) Será mentira o sangue que rolou na sarjeta da Rua Toneleros? (...) Será mentira que o país tenha assistido, de algum tempo a esta parte, aos mais graves abalos em sua vida e em sua honra? Será mentira o inquérito de *Última Hora*? Será mentira o inquérito da Carteira de Exportação? (...) Será mentira tudo isso? Estaremos nós vivendo num meio de realidades ou de sonhos? Ou será ele o grande mentiroso, ou será ele o grande enganado ou será ele o pai supremo da fantasmagoria e da falsidade?[38]

---

dele, como sendo o meu momento culminante na tribuna. A Rádio Globo, ao retransmiti-lo à noite, espalhou por todo o país uma vaga de emoção. (...) Gravado em disco, ainda hoje há quem o possua com a minha própria voz. Não eu, que o não tenho e nunca o ouvi. Devo confessar, mesmo, que não gostaria de ouvi-lo. Ao relê-lo ainda sinto o sabor acre e triste daqueles dias de paixão e medo; de incerteza e aventura. Revejo o plenário da Câmara como que transido, enquanto da tribuna (...) eu atirava aquela catadupa de palavras inflamadas que não conseguia conter. Realmente eu me sentia – lembro-me perfeitamente disso – presa de uma estranha sensação. No silêncio da grande sala minhas palavras se despenhavam e eu as ouvia, recebia-lhes o eco, como se fossem de um outro; de alguém que não eu, que estivesse falando dentro de mim" (Arinos, 1965, p. 326). E adiante: "Lembro-me de que desci meio atordoado, mal ouvindo as palmas que me saudavam (...). Só tive noção exata do impacto que acabara de causar quando percebi que o emotivo, o corajoso deputado paulista Pereira Lima me abraçou chorando. Logo depois um outro acercou-se e me disse: 'Você derrubou o governo.' Muito tempo depois, Café Filho e Gustavo Capanema disseram-me o mesmo: 'Seu discurso derrubou o governo'" (*id.*, p. 333-334).
[38] Arinos, 1954, p. 256.

Em seguida, declarando não tencionar perder-se "em referências a fatos conhecidos", define o espectro de seus objetivos: "Procurei, apenas, com base em *circunstâncias de fatos irrecusáveis*, colocar perante a Nação (...) os mais recentes aspectos dessa vergonhosa situação."[39] O discurso transforma-se então em relato das informações obtidas em conversa com Adauto Lúcio Cardoso e Pompeu de Sousa, que teriam solicitado a Afonso Arinos que transmitisse à Câmara o resultado das investigações da véspera. Assim, por exemplo:

> O que posso assegurar à Câmara com absoluta certeza (...) é estar inteiramente provado (...) que antes de as Forças Militares (...) terem descoberto o nome do último dos criminosos envolvidos neste assunto, já a guarda do presidente da República, pressentindo que ele seria afinal, preso, lhe dava fuga oficialmente e tomava a iniciativa de protegê-lo com essa fuga. Isso ficou fora de dúvida. (...) O que há de positivo, o que há de concreto, o que há de seguro (...), o que há de irretorquível é que a guarda do Palácio (...) sabia do crime, participava do crime (...) e tomou todas as providências para tornar impunes os criminosos (...).[40]

"Esta é a verdade", conclui em seguida, para prosseguir logo adiante com informações detalhadas sobre o esquema da fuga.

São os *fatos* portanto que constroem o discurso e que fazem Afonso Arinos se destacar entre os parlamentares por se achar, neste momento, *bem-informado* – tanto assim que é incumbido de *transmitir* as informações. Além disso, é à verdade dos fatos que o discurso se atém:

> Evidentemente, as mais graves ilações, as mais sérias consequências (...) podem ser tiradas dessa *narrativa dos fatos*. Não irei ao ponto de tirá-las desta tribuna. Deixo ao espírito de cada deputado, deixo à consciência de cada brasileiro a incumbência de ficar meditando sobre as terríveis *realidades* hoje aqui expostas.[41]

---

[39] Arinos, p. 257; grifo meu.
[40] *Ibid.*
[41] *Ibid.*, p. 258; grifos meus.

Mais uma vez, não é o "conhecimento" (a elaboração dos fatos, os processos, as situações) que aqui predomina, e sim a relação estreita entre "fato", "realidade" e "verdade": "Esta é a verdade", diz, referindo-se aos *fatos* que comprovam o envolvimento da guarda pessoal no atentado da Toneleros, cabendo aos deputados e a cada brasileiro meditar sobre eles.

A segunda parte do discurso é um clamor a Getúlio, para que reflita sobre sua responsabilidade de presidente, se lembre das glórias de seu povo e pense em seus filhos e irmãos. Ao final, o pedido de renúncia: "lembre-se dos homens e deste país e tenha a coragem de ser um desses homens não permanecendo no governo, se não for digno de exercê-lo."[42]

O sucesso do discurso se deve certamente a ambas as partes, mas é a primeira que mais importa para nossa reflexão. O roteiro da argumentação merece ser recapitulado. Em primeiro lugar, Afonso Arinos declara que, se os filósofos buscaram em vão a resposta à pergunta "Que é a verdade?", nunca se perguntaram "Que é a mentira?". Isso posto, responde às acusações de Getúlio dizendo que "se não é possível saber o que é a verdade, é perfeitamente possível saber-se o que *não é a mentira*".[43] Nesse sentido, *não é mentira* o sangue da rua Toneleros, o inquérito da *Última Hora* etc., do mesmo modo que *é verdade* o envolvimento da guarda pessoal no atentado (dois conjuntos de fatos: uns conhecidos e o outro dado a conhecer naquele momento). Ou seja: Afonso Arinos *sabe* responder à pergunta que deu o título a seu discurso, e a soluciona pela tríade fato--realidade-verdade. Evidentemente há aqui um desvio da direção original, pois que não se trata mais de uma certa Verdade filosófica, e sim de um resgate do fato, tomado como *prova jurídica* e portanto como depositário de uma verdade inconteste.

O assunto, assim como o discurso, não seria objeto de atenção especial aqui, não fosse sua relação com a discussão sobre o liberalismo e com o deslocamento constante dos termos pelos quais Afonso Arinos define sua atuação política. Se o que predomina na entrevista é o privilégio das *ideias* em detrimento dos *fatos*, no discurso que constitui *o acontecimento*

---

[42] Arinos, 1954, p. 259.
[43] *Ibid.*, p. 256; grifo meu.

político da carreira de Afonso Arinos, não apenas aquele privilégio se inverte a favor dos fatos, como também os próprios conceitos são investidos de outro estatuto. É o fato, agora, que detém o potencial de *realidade* necessário à mudança; não é de *ideias* que o país precisa, e sim de se render à *evidência dos fatos*.

Final

Toda essa discussão não está distante da reflexão teórica sobre o trabalho com a história oral. Cabe perguntar: quando se diz que entrevistas de história oral fornecem *versões* sobre o passado, não se corre o risco de pressupor que essas versões se situam em um plano diverso daquele da *realidade* (e, portanto, da *verdade*)? Não seria mais correto conferir às versões e aos enviesamentos um estatuto de verdade? Ou, parafraseando Roberto Schwarz, reconhecer neles a "parte verdadeira"?

A entrevista de Afonso Arinos é ancoramento privilegiado para aprofundarmos essa reflexão. E não menos por se tratar aqui de um expoente da elite política brasileira, daquele grupo que, bem ou mal, é responsável pelas mudanças políticas na sociedade brasileira. Nesse sentido, quando nos perguntamos sobre o *estatuto de verdade* da entrevista, é também daquela *realidade factual* que estamos falando – e, mais radicalmente, daquilo que coincide com uma certa concepção do *fato* como "motor da história". O que se quer sublinhar aqui é o potencial documental de entrevistas de história oral no que diz respeito a esse plano da realidade. Uma entrevista com membro da elite brasileira pode ter um caráter laudatório, mas isso não significa que ela não possa se transformar em fonte de informação sobre a sociedade e as mudanças em nossa história recente.

Dois exemplos concretos ajudam a precisar o que se pretende sublinhar aqui. Eles mostram como os fundamentos da democracia liberal não invalidam as práticas regidas pela lógica do "favor" no exercício da atividade política. Trata-se de duas opções políticas de Afonso Arinos, tomadas em momentos próximos da realização da entrevista. A primeira diz respeito à sua filiação ao Partido Democrático Social (PDS), após a extinção do bipartidarismo em 1979. Perguntado pelas razões dessa filiação, já que em pronunciamentos públicos vinha criticando incisivamente o governo, Afonso Arinos justifica: "Tinha de ficar com os meus amigos políticos" (Fita 15-B). O fato de esses amigos não terem se afastado do governo militar, enquanto que ele havia se recusado a votar em Costa e Silva, não impediu, segundo Afonso Arinos, essa opção partidária.

> Meus amigos estavam todos na linha da revolução, não é? (...) Eu não tinha ligações era com o lado contrário. Quer dizer, toda a herança do lado contrário era herança hostil: hostil a meu pai, hostil a meu irmão, hostil ao meu estado (Fita 15-B).[44]

A opção pelo partido obedece portanto antes à lógica das relações de amizade e da tradição familiar, do que a uma identificação de linha política.[45] O que surpreende o pesquisador não é tanto a importância já conhecida da rede de relações de amizade e de parentesco para o desenvolvimento de articulações políticas, e sim a naturalidade com a

---

[44] Sobre a distância que o separava politicamente dos amigos, cf. o trecho da entrevista que faz parte da mesma passagem:
> *Pois é, de certa forma, são seus amigos, mas o senhor teve uma posição diante do regime que se instaurou no Brasil depois de 64 muito diferente da deles, não é?*
> Ah, sim. (...) Porque eu não estava dentro dos acontecimentos, mas nunca estaria. Eu nunca estaria nos acontecimentos tal como eles se desenrolaram depois, não é, a partir do governo Castelo... Pois eu fiz a declaração de voto, de que eu não votaria no general Costa e Silva...
> *Pois é. (...) É curioso; esse problema dos amigos é uma coisa muito séria em política, não é?*
> Muito, muito.
> *Quer dizer, mesmo que o senhor pense diferente deles, o senhor prefere estar com eles.*
> Sim, porque eu sendo amigo, o fato de eu estar contra a opinião deles não rompe a amizade, não é? Eu continuo amigo deles (Fita 15-B).

[45] À falta de identificação política com o PDS alia-se uma postura de afastamento semelhante à que predomina com relação à UDN. Assim, por exemplo:
> Meu partido realmente não tomou nunca conhecimento de mim, é uma coisa muito curiosa. Eu sempre digo isso a Annah. Você sabe que eu não sei onde é a sede do PDS do Rio de Janeiro; eu não sei onde é a sede do PDS de Belo Horizonte. Nunca eu fui chamado.(...)
> *Onde foi a inscrição?*
> Eu fiz no diretório nacional, em Brasília, a pedido do Sarney. Sarney me pediu que fosse e então assinei um registro no diretório nacional (Fita 15-A).

É curioso observar como Afonso Arinos retira do ato de filiação o significado *político* que se poderia esperar que tivesse: "Sarney me pediu e então eu assinei o registro." Por outro lado, à semelhança do que se passava com a UDN, o fraco grau de pertencimento ao partido não esconde um desejo de dele fazer parte: na UDN, lutava para manter-se na liderança, e no PDS, lamenta que "seu" partido nunca o tenha chamado.

qual Afonso Arinos a ela se refere. De um conhecido defensor dos ideais liberais-democráticos poder-se-ia esperar uma resposta diversa, e mais uma vez são os "enviesamentos" que revelam aqui a "parte verdadeira". O segundo exemplo conduz à mesma direção. Trata-se da indicação, no PDS, do nome de Amaral Neto para candidato a deputado federal nas eleições de 1982. Desconhecendo tanto as ideias quanto o passado de Amaral Neto, Afonso Arinos seguiu novamente a lógica das relações pessoais, segundo conta na entrevista:

> Eu recomendei o Amaral a pedido dele. Ele me pediu se eu podia recomendar e eu recomendei, porque ele foi um dos homens mais dedicados ao meu irmão que morreu. (...) Então eu tinha essa recordação dele de fidelidade (Fita 17-A).[46]

Se a entrevista de Afonso Arinos é lugar privilegiado para se refletir sobre o caráter documental de entrevistas de história oral é porque ela permite reconhecer que, no que diz respeito a certas elites políticas e intelectuais brasileiras, os "enviesamentos" são *parte verdadeira* da atuação histórica. O que move os acontecimentos políticos – a formação de um partido, os efeitos de um discurso parlamentar, a candidatura de um Amaral Neto – não é necessariamente uma correspondência unívoca entre *ação* e *ideia*. É desse constante deslizamento entre uma e outra que nos fala a entrevista de Afonso Arinos: um político que não é, mas é, "político", um partido que não é, mas é, "partido", uma ação que é apenas "palavra", mas que, a despeito disso, é "ação".

Recapitulemos o tom da entrevista: ao lado da insistência de Afonso Arinos no fato de que *não participava* da política, predomina uma certeza de *pertencimento* à política pelo viés da tradição familiar e da oratória. Esse quadro é sintetizado pela dicotomia "ação" *versus* "palavra", como se a *palavra* (a instância das ideias, do conhecimento histórico, da

---

[46] Sobre o desconhecimento do que representava essa indicação, cf. o trecho que se segue à explicação dada:
    Mas ele representa os piores lados do...
    Eu só soube disso depois. Me disseram até que se suspeita que a mulher dele morreu de briga com ele, não foi? (...) Eu não sabia disso. (...) Palavra de honra que não sabia (Fita 17-A).

tradição intelectual) permanecesse imaculada e nada tivesse a ver com a *ação*. Se as ideias são liberais-democráticas, isso não impede que as ações obedeçam a lógicas diversas e sejam justificadas pela desinformação. Disso resulta que os próprios termos usados por Afonso Arinos para definir sua atuação política sofrem uma oscilação constante: enquanto seu discurso intelectual protege a *palavra* das vicissitudes políticas, elevando-a ao nível superior das *ideias*, o desenvolvimento da entrevista atesta o uso da *palavra* no terreno concreto dos *fatos*, partindo de informações e produzindo acontecimentos.[47]

Tal constatação não é novidade no estudo das elites intelectuais brasileiras e já se mostrou como Maria Victoria Benevides e Roberto Schwarz destacam a *ambiguidade* e o *deslocamento* como realidades nesse universo de estudo. Uma última referência corrobora esse sentido que conferimos aqui à entrevista de Afonso Arinos. Encontra-se-a na análise que Luiz Costa Lima faz da narrativa de *Casa-grande & senzala*, em um dos capítulos de seu *A aguarrás do tempo* (1989).

Estendendo suas conclusões à *intelligentsia* brasileira, na medida em que Gilberto Freyre teria captado um seu traço, Costa Lima chama a atenção para a esquizofrenia entre "poder" e "valor" que ressalta da imagem nuclear da narrativa de *Casa-grande*. Enquanto o poder do senhor de escravos não é ameaçado, os valores podem ser dele desconectados e significar uma democracia social inexistente do ponto de vista político. Isso faz com que as palavras signifiquem "apenas quando queremos que signifiquem", isto é, quando o falante se encontra em situações que não ameaçam a assimetria de poder, de modo que "a mão que manda nada tem a ver com a voz que fala".[48] O caráter lábil das palavras se estende à própria fluidez dos conceitos usados por Freyre ao longo do livro, louvada por muitos críticos como prova de nossa flexibilidade frente ao rigorismo das formas de agir e pensar de outros povos.[49]

---

[47] Lembre-se que é o próprio Afonso Arinos quem destaca o significado do discurso de 1954 como ato que "derrubou o governo" (ao lado da "paixão de Lacerda" e inserido no "transe" que assolava o país) e que é ele também quem chama atenção para o *fato* que teria motivado o discurso.
[48] Lima, 1989, p. 235.
[49] *Ibid.*, p. 206, 216, 219.

Sem pretender uma correspondência direta entre o clássico de Freyre e a entrevista aqui examinada, a referência às conclusões de Costa Lima tem a função de reforçar o sentido que extraímos da entrevista de Afonso Arinos, o qual, repetindo, não é o único possível. Nos parece que da oscilação dos termos usados por Afonso Arinos para definir sua atuação política resulta um duplo sentido. De um lado, ela reproduz uma "esquizofrenia" entre *palavra* e *ação*, segundo a qual a voz que fala nada tem a ver com a consciência que age; de outro, ela atesta aquela flexibilidade no uso dos conceitos que caracteriza o modo de pensar de certas elites intelectuais brasileiras. Nesse sentido, a entrevista não é "apenas uma *versão*", e sim documento de uma *realidade* que diz respeito à formação e ao modo de atuação de certos segmentos da sociedade brasileira que detêm responsabilidades no plano político e intelectual. Supor que entrevistas de história oral com membros das elites não tenham potencial documental é renunciar à reflexão crítica que sua análise pode engendrar ao colocar em questão aquela realidade.

Referências bibliográficas

Arinos, Afonso - 1954 - "Mas, que é a verdade? Discurso pedindo a renúncia do presidente Vargas (13-8-1954)", in: Camargo, Aspásia & Mariani, Maria Clara et al. *O intelectual e o político: encontros com Afonso Arinos*. Brasília, Senado Federal, Dom Quixote; Rio de Janeiro, CPDOC/FGV, 1983, p. 255-259.

_____ - 1961 - *A alma do tempo*. Rio de Janeiro, José Olympio. (Trata-se aqui do primeiro volume das memórias de Afonso Arinos. Os quatro primeiros volumes de suas memórias foram posteriormente reunidos em uma só obra, que recebeu o mesmo título deste primeiro.)

_____ - 1965 - *A escalada*. Rio de Janeiro, José Olympio. (Segundo volume das memórias.)

_____ - 1979 - *Diário de bolso seguido de retrato de noiva*. Rio de Janeiro, Nova Fronteira. (Quinto volume das memórias.)

_____ - 1982 - *Amor a Roma*. Rio de Janeiro, Nova Fronteira.

Benevides, Maria Victoria de Mesquita - 1981 - *A UDN e o udenismo*: ambiguidades do liberalismo brasileiro (1945-1965). Rio de Janeiro, Paz e Terra.

Hüttenberger, Peter - 1992 - "Überlegungen zur Theorie der Quelle", in: Rusinek, Bernd-A.; Ackermann, Volker & Engelbrecht, Jörg (orgs.). *Einführung in die Interpretation historischer Quellen. Schwerpunkt: Neuzeit.* Paderborn, Ferdinand Schöning, p. 253-265.

Lima, Luiz Costa - 1989 - "A versão solar do patriarcalismo: *Casa-grande & senzala*", in: *A aguarrás do tempo*: estudos sobre a narrativa. Rio de Janeiro, Rocco, p. 187-238.

Mota, Lourenço Dantas (coord.) - 1981 - "Afonso Arinos de Mello Franco; Não existe democracia relativa", in: *A história vivida*: entrevistas. 3ª ed., São Paulo, O Estado de S. Paulo, v. 1, p. 99-122. (Entrevista concedida por Afonso Arinos a Lourenço Dantas Mota, Villas Boas Correa e Marçal Versiani em 19 de março de 1978 e publicada no primeiro volume da série "Documentos abertos".)

Schwarz, Roberto - 1981 - "As ideias fora do lugar", in: *Ao vencedor as batatas*: forma literária e processo social nos inícios do romance brasileiro. 2ª ed., São Paulo, Duas Cidades, p. 13-28.

Venancio Filho, Alberto - 1990 - "A historiografia republicana: a contribuição de Afonso Arinos". *Estudos Históricos*. Rio de Janeiro, CPDOC-FGV, v. 3, n. 6, p.151-160.

Um drama em gente: trajetórias e projetos de Pessoa e seus heterônimos*

I.

Fernando Pessoa morreu em 1935, aos 47 anos. Descobriu-se então um verdadeiro tesouro: uma arca repleta de poemas, bilhetes, projetos de livros, cartas, escritos em sua maioria desorganizados, que os pesquisadores não cansam de estudar – são 25.426 documentos, depositados na Biblioteca Nacional em Lisboa. Em vida, havia participado de movimentos literários de vanguarda; fundou a revista *Orpheu* com Mário de Sá-Carneiro e colaborou, a partir de 1926, com *Presença*, importante revista portuguesa do Entreguerras. Sua principal publicação foi *Mensagem*, livro em verso sobre a expansão marítima portuguesa, premiado em um concurso

---

* Este capítulo já se encontra publicado na coletânea organizada por Benito Schmidt, *O biográfico: perspectivas interdisciplinares*. Santa Cruz do Sul, Editora da Universidade de Santa Cruz do Sul (Edunisc), 2000. Agradeço a Benito Schmidt a autorização para uma nova publicação, neste livro. Uma primeira versão do capítulo foi apresentada no Grupo de Trabalho *Biografia e Memória Social*, coordenado por Dulce Pandolfi e Regina Novaes, sessão "Configurações sociais: memória, projetos e futuro", durante o XXII Encontro Anual da Associação Nacional de Pós-Graduação e Pesquisa em Ciências Sociais (ANPOCS), realizado em Caxambu (MG), de 27 a 31 de outubro de 1998. A pesquisa sobre a obra de Fernando Pessoa fez parte dos estudos preparatórios para o exame oral *Rigorosum*, requisito para a obtenção do diploma de doutor em literatura na Universidade de Siegen.

oficial. Publicou ainda textos sobre Portugal, política e sociedade; poemas dele próprio e de alguns heterônimos, e algumas páginas do *Livro do desassossego*. Mas foi somente a partir de 1942, quando os escritos da arca começaram a ser publicados, que a verdadeira dimensão de sua obra passou a ser conhecida.[1]

Publicações recentes estimam em 72 o número de heterônimos de Fernando Pessoa, muitos deles com biografia, data de nascimento, horóscopo, descrição física, caligrafia própria, estilo literário etc.[2] Os principais são Alberto Caeiro, Álvaro de Campos e Ricardo Reis, que se conheciam, trocavam correspondências e observações literárias sobre suas obras. Caeiro, poeta bucólico, era o mestre. Para Octavio Paz, sua obra é a única enunciação positiva de Pessoa; Caeiro é o sol cheio de vida, que não tem consciência, porque nele pensar e ser são uma só coisa; ele é tudo que um poeta moderno não consegue ser: o homem conciliado com a natureza, que não precisa nomear as coisas, pois suas palavras já são as coisas: árvores, nuvens, aranhas, lagartixas... Já Álvaro de Campos, Ricardo Reis, o próprio Fernando Pessoa e outros heterônimos sabem que palavras e coisas não são o mesmo; ao contrário das palavras de Caeiro, as suas são culturais, históricas e mortais.[3] Álvaro de Campos era poeta de vanguarda, chegando a publicar um ultimato no único número da revista *Portugal Futurista*. Depois da Primeira Guerra, contudo, sua poesia perdeu em heroísmo e passou a ser marcada por ironia e cinismo. Campos é autor de longos poemas sobre a ausência e o niilismo. Ricardo Reis era influenciado por um classicismo abstrato e frio e escrevia em estruturas geométricas. Sobre esses três heterônimos escreve Pessoa ao amigo Casais Monteiro em janeiro de 1935 (dez meses antes de falecer):

---

[1] Dados sobre a vida e a obra de Fernando Pessoa foram colhidos nas seguintes publicações: Paz, 1961; Günter, 1971; *Obra em prosa*, 1976; *Obra poética*, 1977; Seabra, 1984; *Europe*, 1988; e Tabucchi, 1992.
[2] Cf. matéria de Léo Schlafman no caderno Ideias-Livros do *Jornal do Brasil*, 28/11/1998, p. 1 e 2.
[3] Paz, 1961, p. 97-101. Em estudo sobre Thomas Mann, Luís Rodolfo Vilhena evocou uma frase de Gustave Flaubert – que, comovido com a simplicidade da vida dos camponeses, teria dito "Ils sont dans le vrai" – para discutir possibilidades de contraponto à solidão do artista de vanguarda. A frase teria fascinado tanto Kafka quanto Mann (Vilhena, 1988, p. 17-18). Podemos dizer que Alberto Caeiro é o "contraponto camponês" de Pessoa, que habita a verdade.

Eu *vejo* diante de mim, no espaço incolor mas real do sonho, as caras, os gestos de Caeiro, Ricardo Reis e Álvaro de Campos. Construí-lhes as idades e as vidas. Ricardo Reis nasceu em 1887 (não me lembro do dia e mês, mas tenho-os algures), no Porto, é médico e está presentemente no Brasil. Alberto Caeiro nasceu em 1889 e morreu em 1915; nasceu em Lisboa, mas viveu quase toda a sua vida no campo. Não teve profissão nem educação quase alguma. Álvaro de Campos nasceu em Tavira, no dia 15 de outubro de 1890 (às 1:30 da tarde, diz-me o Ferreira Gomes; e é verdade, pois, feito o horóscopo para essa hora, está certo). Este, como sabe, é engenheiro naval (por Glasgow), mas agora está aqui em Lisboa em inatividade. Caeiro era de estatura média, e, embora realmente frágil (morreu tuberculoso), não parecia tão frágil como era. Ricardo Reis é um pouco, mas muito pouco, mais baixo, mais forte, mais seco. Álvaro de Campos é alto (1,75m de altura, mais 2cm do que eu), magro e um pouco tendente a curvar-se. Cara rapada todos – o Caeiro louro sem cor, olhos azuis; Reis de um vago moreno mate; Campos entre branco e moreno, tipo vagamente de judeu português, cabelo, porém, liso e normalmente apartado ao lado, monóculo. Caeiro, como disse, não teve mais educação que quase nenhuma – só instrução primária; morreram-lhe cedo o pai e a mãe, e deixou--se ficar em casa, vivendo de uns pequenos rendimentos. Vivia com uma tia velha, tia-avó. Ricardo Reis, educado num colégio de jesuítas, é, como disse, médico; vive no Brasil desde 1919, pois se expatriou espontaneamente por ser monárquico. É um latinista por educação alheia, e um semi-helenista por educação própria. Álvaro de Campos teve uma educação vulgar de liceu; depois foi mandado para a Escócia estudar engenharia, primeiro mecânica e depois naval. Numas férias, fez a viagem ao Oriente de onde resultou o *Opiário*. Ensinou-lhe latim um tio beirão que era padre.

Como escrevo em nome desses três?... Caeiro por pura e inesperada inspiração, sem saber ou sequer calcular que iria escrever. Ricardo Reis, depois de uma deliberação abstrata, que subitamente se concretiza numa ode. Campos, quando sinto um súbito impulso para escrever e não sei o quê.[4]

Voltarei a essa famosa carta sobre a origem dos heterônimos adiante. Por ora, vale enumerar outros personagens desse drama. Frederico Reis é primo de Ricardo e escreveu uma crítica a sua poesia; Alexander Search nasceu em 1888 em Lisboa (mesmo ano de Pessoa) e é autor de cinco escritos em inglês; Charles Search, irmão de Alexander, nasceu em 1886 também em Lisboa e era tradutor para o inglês; Barão von Teive escreveu um tratado pedagógico sobre a educação dos estoicos; António Mora é autor de escritos filosóficos e passou seus últimos dias em uma clínica psiquiátrica de Cascais, onde Pessoa o conheceu; Raphael Baldaya escreveu um *Tratado da negação* e outro sobre os princípios da metafísica esotérica – dele foi encontrado um cartão de visitas na arca, onde se lê "Astrólogo em Lisboa"; Charles Robert Anon é autor de escritos filosóficos em inglês; Abílio Quaresma é detetive particular e escreve histórias policiais; A. A. Crosse soluciona palavras cruzadas e charadas, participando de concursos no *Times* de Londres...

Dois personagens merecem ainda destaque: Vicente Guedes e Bernardo Soares, autores, em momentos diferentes, do *Livro do desassossego*. As circunstâncias em que Pessoa os conheceu são semelhantes: frequentavam o mesmo restaurante e, certo dia, em função de algum alvoroço na rua, começaram a se falar. Bernardo Soares era ajudante de guarda-livros – trabalhava, como Pessoa, em um escritório de comércio – e lhe contou que escrevia. É, na verdade, um semi-heterônimo, como se lê na carta a Casais Monteiro:

> O meu semi-heterônimo Bernardo Soares, que aliás em muitas coisas se parece com Álvaro de Campos, aparece sempre que estou cansado ou sonolento, de sorte que tenha um pouco suspensas as qualidades de raciocínio e de inibição; aquela prosa é um constante devaneio. É um semi-heterônimo porque, não sendo a personalidade a minha, é, não diferente da minha, mas

---

[4] Carta a Adolfo Casais Monteiro de 13 de janeiro de 1935. *Obras em prosa*, p. 97-98.

uma simples mutilação dela. Sou eu menos o raciocínio e a afetividade. A prosa, salvo o que o raciocínio dá de *tênue* à minha, é igual a esta, e o português perfeitamente igual (...).[5]

Pessoa tinha uma lucidez desconcertante em relação a seu caso. Diagnosticou-se do ponto de vista psíquico:

> A origem dos meus heterônimos é o fundo traço de histeria que existe em mim. Não sei se sou simplesmente histérico, se sou, mais propriamente, um histero-neurastênico. Tendo para esta segunda hipótese, porque há em mim fenômenos de abulia que a histeria, propriamente dita, não enquadra no registo dos seus sintomas. Seja como for, a origem mental dos meus heterônimos está na minha *tendência orgânica e constante para a despersonalização e para a simulação*.[6]

Cumpre registrar que as longas explicações dadas por Pessoa a Casais Monteiro atendem a uma demanda do amigo, que lhe havia perguntado sobre a gênese dos heterônimos.[7] Desde criança, conta Pessoa, teve tendência de criar amigos e conhecidos inexistentes. Quando tinha entre seis e sete anos, nasceu um Chevalier de Pas, que escrevia cartas a Pessoa. Outros vieram, que ele ainda ouve, sente e vê. Por volta de 1912, aos 24 anos, esboçou uns poemas e seu autor – tendo nascido, sem que soubesse, Ricardo Reis. Dois anos depois, quis pregar uma peça ao amigo Sá-Carneiro, apresentando-lhe um poeta bucólico inventado.

---

[5] Carta a Adolfo Casais Monteiro de 13 de janeiro de 1935. *Obras em prosa*, p. 98; grifo do autor.
[6] *Ibid.*, p. 95; grifo meu. Em carta de 1919 a dois psiquiatras franceses solicitando informações sobre um curso de magnetismo pessoal por correspondência, o diagnóstico de Pessoa é idêntico: "Do ponto de vista psiquiátrico, sou um histero-neurastênico, mas, felizmente, minha neuropsicose é bastante fraca; o elemento neurastênico domina o elemento histérico, e isto concorre para que não tenha eu os traços históricos exteriores." Carta a dois psiquiatras franceses de 10 de junho de 1919. *Obras em prosa*, p. 58.
[7] Além da carta a Casais Monteiro, publicada na revista *Presença* em 1937, dois outros escritos encontrados na arca explicam a origem dos heterônimos: um documento com data provável de 1930, intitulado *Aspectos* e que seria o prefácio da edição projetada de parte de suas obras, e um manuscrito de 1935 (*Obras em prosa*, p. 82-84 e 92). Nenhum dos dois, contudo, é tão rico e completo quanto a carta.

Levei uns dias a elaborar o poeta mas nada consegui. Num dia em que finalmente desistira – foi em 8 de março de 1914 – acerquei-me de uma cômoda alta, e, tomando um papel, comecei a escrever, de pé, como escrevo sempre que posso. E escrevi trinta e tantos poemas a fio, numa espécie de êxtase cuja natureza não conseguirei definir. Foi o dia triunfal da minha vida, e nunca poderei ter outro assim. Abri com um título, *O guardador de rebanhos*. E o que se seguiu foi o aparecimento de alguém em mim, a quem dei desde logo o nome de Alberto Caeiro. Desculpe-me o absurdo da frase: aparecera em mim o meu mestre. Foi essa a sensação imediata que tive. E tanto assim que, escritos que foram esses trinta e tantos poemas, imediatamente peguei noutro papel e escrevi, a fio, também, os seis poemas que constituem a *Chuva oblíqua*, de Fernando Pessoa. Imediatamente e totalmente... Foi o regresso de Fernando Pessoa Alberto Caeiro a Fernando Pessoa ele só. Ou, melhor, foi a reação de Fernando Pessoa contra a sua inexistência como Alberto Caeiro.

Aparecido Alberto Caeiro, tratei logo de lhe descobrir – instintiva e subconscientemente – uns discípulos. Arranquei do seu falso paganismo o Ricardo Reis latente, descobri-lhe o nome e ajustei-o a si mesmo, porque nessa altura já o via. E, de repente, em derivação oposta à de Ricardo Reis, surgiu-me impetuosamente um novo indivíduo. Num jato, e à máquina de escrever, sem interrupção nem emenda, surgiu a *Ode triunfal* de Álvaro de Campos – a Ode com esse nome e o homem com o nome que tem.

Criei, então, uma *coterie* inexistente. Fixei aquilo tudo em moldes de realidade. Graduei as influências, conheci as amizades, ouvi, dentro de mim as discussões e as divergências de critérios, e em tudo isto me parece que fui eu, criador de tudo, o menos que ali houve. Parece que tudo se passou independentemente de mim. E parece que assim ainda se passa. Se algum dia eu puder publicar a discussão estética entre Ricardo Reis e Álvaro de Campos, verá como eles são diferentes, e como eu não sou nada na matéria.[8]

---

[8] Carta a Adolfo Casais Monteiro de 13 de janeiro de 1935. *Obras em prosa*, p. 97; grifo do autor.

Antonio Tabucchi, professor de literatura e língua portuguesa na Universidade de Gênova, conhecedor de Pessoa, tem uma imagem interessante a respeito dessa profusão de autores. Se os escritos da arca só tivessem sido descobertos em alguns séculos, sem que houvesse nenhuma pista do Pessoa real, pensar-se-ia que, no início do século XX, em um país da Europa, tinha havido uma época de ouro da poesia, com muitos poetas, alguns dos quais a se escreverem e a polemizarem entre si.[9]

A criação de Pessoa chegou a tal ponto que, após terem surgido os três heterônimos, fez um poema antigo de Campos, que este escrevera antes de ter conhecido e de ter sido influenciado por Caeiro. É o poema *Opiário*, escrito na viagem de Campos ao Oriente, que contém suas tendências latentes, mas sem qualquer traço de contato com o mestre. "Foi dos poemas que tenho escrito", observa Pessoa ao amigo Casais Monteiro, "o que me deu mais que fazer, pelo duplo poder de despersonalização que tive que desenvolver."[10] E após a morte de Alberto Caeiro, em alguns trechos das *Notas para recordação do meu mestre Caeiro*, do Álvaro de Campos, Pessoa chorou lágrimas verdadeiras, conforme conta ao amigo, identificando tal reação como "complemento histérico". "É para que saiba com quem está lidando, meu caro Casais Monteiro!"[11]

A existência dos heterônimos era compartilhada com outros poetas contemporâneos, mas nenhum deles parece ter tido a dimensão exata do que havia na arca. Armando Cortes-Rodrigues é o destinatário de cartas escritas ainda no ano de 1914 – ano do surgimento de Caeiro e seus dois discípulos –, com referência a eles. Numa delas há dois relatos espirituosos, que Pessoa qualifica como "duas notas curiosas e engraçadas". Eles mostram que era possível brincar com a existência dos heterônimos.

> Há dias passava eu de carro na avenida Almirante Reis. Levantando os olhos por acaso, leio no *cabeçalho* de uma loja: Farmácia A. Caeiro. A outra é melhor. Como a única pessoa que podia (...) vir a suspeitar a verdade do caso Caeiro era o Ferro,

---

[9] Tabucchi, 1992.
[10] Carta a Adolfo Casais Monteiro de 13 de janeiro de 1935. *Obras em prosa*, p. 97.
[11] *Ibid.*

eu combinei com o Guisado que ele dissesse aqui, como que casualmente, em ocasião em que estivesse presente o Ferro, que tinha encontrado na Galiza "um tal Caeiro, que me foi apresentado como poeta, mas com quem não tive tempo de falar", ou uma cousa assim, vaga, neste gênero. O Guisado encontrou o Ferro acompanhado de um amigo, caixeiro-viajante, aliás. E começou a falar no Caeiro, como tendo-lhe sido apresentado, e tendo trocado duas palavras apenas com ele. "Se calhar é qualquer lepidóptero" disse o Ferro. "Nunca ouvi falar nele..." E, de repente, soa, inesperada, a voz do caixeiro-viajante: *"Eu já ouvi falar nesse poeta, e até me parece que já li algures uns versos dele"*. Hein? Para o caso de tirar todas as possíveis suspeitas futuras ao Ferro não se podia exigir melhor. O Guisado ia ficando doente de riso reprimido, mas conseguiu continuar a ouvir. E não voltou ao assunto, visto o caixeiro-viajante ter feito tudo o que era necessário.[12]

Pessoa podia distinguir, portanto, o mundo "real" daquele dos "conhecidos inexistentes" – mesmo que fosse apenas "para fora". É o que sugere essa observação ao amigo Casais Monteiro sobre o autodiagnóstico psíquico:

> Estes fenômenos [de despersonalização e de simulação] – felizmente para mim e para os outros – mentalizaram-se em mim; quero dizer, não se manifestam na minha vida prática, exterior e de contato com outros; fazem explosão para dentro e vivo-os eu a sós comigo.[13]

É importante notar que heterônimo não é, de modo algum, o mesmo que pseudônimo. Não se trata de produções literárias publicadas sob

---

[12] Carta a Armando Cortes-Rodrigues de 4 de outubro de 1914. *Obras em prosa*, p. 48; grifos do autor. Alfredo Pedro Guisado (nascido em Lisboa, em 1891) e António Ferro (também nascido em Lisboa, em 1895) foram poetas contemporâneos de Fernando Pessoa, tendo inclusive colaborado com a revista *Orpheu*.

[13] Carta a Adolfo Casais Monteiro de 13 de janeiro de 1935. *Obras em prosa*, p. 95.

nome falso. Não é Pessoa o autor, mas personagens por ele criados, que pensam diferente e têm estilos diferentes. Veja-se, por exemplo, o que diz de Ricardo Reis em um manuscrito que se supõe ter sido escrito em 1914:

> O dr. Ricardo Reis nasceu dentro da minha alma no dia 29 de janeiro de 1914, pelas 11 horas da noite. Eu estivera ouvindo no dia anterior uma discussão extensa sobre os excessos, especialmente de realização, da arte moderna. Segundo o meu processo de sentir as cousas sem as sentir, fui-me deixando ir na onda dessa reação momentânea. Quando reparei em que estava pensando, vi que tinha erguido uma teoria neoclássica, e que a ia desenvolvendo. Achei-a bela e calculei interessante se a desenvolvesse segundo princípios que não adoto nem aceito. Ocorreu-me a ideia de a tornar um neoclassicismo "científico" [...] reagir contra duas correntes – tanto contra o romantismo moderno, como contra o neoclassicismo à Maurras.[14]

Em outro escrito, Pessoa explica:

> Caeiro, Reis, Campos: esses nomes não são pseudônimos; representam pessoas inventadas, como figuras em dramas, ou personagens declamando isoladas em um romance sem enredo. Essas individualidades devem ser consideradas como distintas do autor delas. Formam cada uma uma espécie de drama, e todas elas juntas formam outro drama. *É um drama em gente, em vez de em atos.*[15]

A imagem de um drama em gente pode ser melhor fixada pelas frequentes evocações a Shakespeare. Em carta de 1915 a Cortes-Rodrigues, por exemplo:

---

[14] *Obras em prosa*, p. 139. As ideias políticas Charles Maurras (1868-1952), escritor francês que dirigiu o jornal *L'Action Française* (a partir de 1908), iam no sentido do restabelecimento da monarquia e do culto à violência. Em acordo com elas, defendeu o governo de Vichy durante a ocupação alemã.
[15] *Poemas dramáticos*, p. 24-25; grifo meu.

> Isso é toda uma literatura que eu criei e vivi (...). Isso é sentido na *pessoa de outro*; é escrito *dramaticamente*, mas é sincero (no meu grave sentido da palavra) como é sincero o que diz o Rei Lear, que não é Shakespeare, mas uma criação dele.[16]

Ou ainda, em documento com data provável de 1930, um dos prefácios da edição projetada das obras dos heterônimos:

> Afirmar que estes homens todos diferentes, todos bem definidos (...) não existem – não pode fazê-lo o autor destes livros; porque não sabe o que é existir, nem qual, Hamlet ou Shakespeare, é que é mais real, ou real na verdade.[17]

O raciocínio reaparece em outro possível prefácio à obra dos heterônimos:

> Suponhamos que um supremo despersonalizado como Shakespeare, em vez de criar o personagem de Hamlet como parte de um drama, o criava como simples personagem, sem drama. Teria escrito, por assim dizer, um drama de uma só personagem, um monólogo prolongado e analítico. Não seria legítimo ir buscar a esse personagem uma definição dos sentimentos e dos pensamentos de Shakespeare, a não ser que o personagem fosse falhado, porque o mau dramaturgo é o que se revela.
>
> Por qualquer motivo temperamental que me não proponho analisar, nem importa que analise, construí dentro de mim várias personagens distintas entre si e de mim, personagens essas a que atribuí poemas vários que não são como eu, nos meus sentimentos e ideias, os escreveria.
>
> Assim têm estes poemas de Caeiro, os de Ricardo Reis e os de Álvaro de Campos que ser considerados. Não há que buscar em quaisquer deles ideias ou sentimentos meus, pois muitos

---

[16] Carta a Armando Cortes-Rodrigues de 19 de janeiro de 1919. *Obras em prosa*, p. 55; grifos do autor.
[17] *Obras em prosa*, p. 82.

deles exprimem ideias que não aceito, sentimentos que nunca tive. Há simplesmente que os ler como estão, que é aliás como se deve ler.[18]

Caeiro, Campos, Reis e todos os demais são portanto tão reais quanto personagens de quem não se pode dizer que jamais existiram.[19] A palavra *heterônimo* parece ser, nessa acepção, criação do próprio Pessoa. Etimologicamente, vem de hetero- + -onima (nome), e não de hetero- + -nomo (norma, lei). Assim, deve ser relacionada a "antropônimo", "topônimo" etc., e não a "autônomo", por exemplo. Pessoa utiliza *autônimo* para referir-se a si mesmo, em contraposição aos heterônimos.[20]

Quem foi, afinal, esse autônimo, "*the man who never was*"[21], "o eu estrangeiro"[22], "o desconhecido de si mesmo"[23], o "poeta plural"?[24] Nascido em Lisboa no dia 13 de junho de 1888 (um ano depois do heterônimo Ricardo Reis e um ano antes do mestre Alberto Caeiro), Fernando Antonio Nogueira Pessoa perdeu o pai, funcionário do Ministério da Justiça e crítico musical, de tuberculose, quando tinha seis anos, e o irmão, de um ano de idade, quando tinha sete. Aos oito anos, mudou-se para a África do Sul, pois sua mãe casara-se com o cônsul português em Durban, com quem teria mais cinco filhos, dois dos quais faleceriam antes dos três anos. Fez seus estudos em escolas inglesas, inclusive em escola comercial, destacando-se como excelente aluno. Em 1903, aos 15 anos, obteve o prêmio Queen Victoria sobre ensaio em inglês, concorrendo com 899

---

[18] *Obras em prosa*, p. 87.
[19] Veja-se ainda este trecho: "Caeiro é dessa raça [de homens que agem sobre os outros como fogo]. Caeiro teve essa força. Que importa que Caeiro seja de mim, se assim é Caeiro? Assim, operando sobre Reis, que ainda não havia escrito alguma cousa, fez nascer nele uma forma própria e uma pessoa estética. Assim, operando sobre mim mesmo, me livrou de sombras e farrapos, me deu mais inspiração à inspiração e mais alma à alma. Depois disto, assim prodigiosamente conseguido, *quem perguntará se Caeiro existiu?*" (*Obras em prosa*, p. 91; grifo meu)
[20] Por exemplo: "Quanto ao seu estudo a meu respeito, (...) muito lhe agradeço: deixe-o para depois de eu publicar o livro grande em que congregue a vasta extensão *autônima* de Fernando Pessoa" (Carta a Adolfo Casais Monteiro de 20 de janeiro de 1935. *Obras em prosa*, p. 100; grifo meu).
[21] Título de comunicação de Jorge Sena no Simpósio Internacional sobre Fernando Pessoa realizado na Brown University, Providence, em outubro de 1977 (ver Seabra, 1984, p. 53).
[22] Título do livro de G. Günter, 1971.
[23] Título do artigo de Octavio Paz, 1961.
[24] Título do artigo de J. A. Seabra, 1984.

candidatos de todo o país. Em 1905 decidiu cursar a universidade em Lisboa, para onde retornou só, indo morar em casa de tias e, mais tarde, em pensões. Iniciou o curso na faculdade de filosofia, mas abandonou os estudos dois anos depois. Com a morte da avó, recebeu pequena herança, com a qual decidiu montar uma editora, projeto que fracassou. Ao lado de suas atividades literárias, Fernando Pessoa trabalhou como tradutor e correspondente comercial em firmas de comércio de Lisboa até o final de sua vida. Por volta de 1915 interessou-se pelo esoterismo, traduzindo do inglês livros sobre o assunto e pretendendo instalar-se como astrólogo, tendo recebido, em 1930, a visita de um mago e alquimista inglês, com quem se correspondia. Sua mãe e seus irmãos voltaram a Lisboa em 1920, por causa do falecimento do padrasto, e Pessoa, que tinha então 32 anos, passou a morar com a família. Nessa época conheceu Ophelia Queiroz, de 19 anos, que trabalhava em uma das casas comerciais, a única pessoa de quem se sabe que teve um romance com Pessoa. O relacionamento de ambos sofreu algumas interrupções, até a ruptura definitiva por volta de 1930. Antonio Tabucchi analisou as cartas de amor de Pessoa, que são como se ele tivesse encarregado a outro de escrevê-las e de ter um romance com Ophelia.

> Como esse amor, que só era uma ideia, parece que a "verdadeira" vida de Pessoa também é só uma ideia, como se tudo tivesse sido imaginado por outro. Ele vive, mas sua vida não tem lugar. Ele é um texto. E é nessa ausência que repousa sua perturbadora grandeza.[25]

Após a morte da mãe, em 1925, quando Pessoa tinha 37 anos, passaram a morar com ele sua irmã e seu cunhado, com quem fundou e dirigiu, em 1926, a *Revista de Comércio e Contabilidade*. Além dos poemas, das cartas e dos fragmentos dos diversos heterônimos, a obra já publicada de Fernando Pessoa reúne textos de teoria e prática do comércio, de ideias políticas, estéticas e filosóficas, bem como alguns contos de ficção. Acometido de cólicas hepáticas na noite de 26 de novembro de 1935,

---

[25] Tabucchi, 1992, p. 104.

em 29 foi internado no hospital francês de Lisboa, vindo a morrer no dia seguinte. Suas últimas palavras escritas no hospital teriam sido *"I know not what to-morrow will bring"* (sic).

Ao lado da carta a Casais Monteiro sobre a gênese dos heterônimos, existem, na obra em prosa de Fernando Pessoa, duas outras cartas de importância capital.

Uma delas foi escrita em 1931 ao amigo João Gaspar Simões, que havia solicitado a Pessoa que comentasse seu livro *Mistério da poesia*. Pessoa critica no livro do amigo o elevado grau de explicações psíquicas dirigidas a textos literários. A psicanálise de Freud deveria ser empregada como estímulo da argúcia crítica, e não como dogma científico ou lei da natureza.[26] O estudo de Simões, mais inclinado ao segundo emprego, levou-o a conclusões precipitadas e a agressões aos autores analisados. Sobre Pessoa, por exemplo, Simões afirma que ele teria saudades da infância.

> Tem V. a certeza, só porque eu o digo e repito, que tenho saudades da infância? (...) [Seu] estudo a meu respeito (...) peca só por se basear, como verdadeiros, em dados que são falsos *por eu, artisticamente, não saber senão mentir*. (...) Nunca senti saudades da infância; nunca senti, em verdade, saudades de nada. Sou, por índole, e no sentido direto da palavra, futurista.[27]

---

[26] Pessoa tem uma opinião muito clara a respeito da teoria freudiana: é um sistema imperfeito, estreito e utilíssimo. "É imperfeito se julgamos que nos vai dar a chave, que nenhum sistema nos pode dar, da complexidade indefinida da alma humana. É estreito se julgamos, por ele, que tudo se reduz à sexualidade, pois nada se reduz a uma coisa só, nem sequer na vida intra-atômica. É utilíssimo porque chamou a atenção dos psicólogos para três elementos importantíssimos na vida da alma, e portanto na interpretação dela: (1) o subconsciente e a nossa consequente qualidade de animais irracionais; (2) a sexualidade, cuja importância havia sido, por diversos motivos, diminuída ou desconhecida anteriormente; (3) o que poderei chamar, em linguagem minha, a *translação*, ou seja a conversão de certos elementos psíquicos (não só sexuais) em outros, por estorvo ou desvio dos originais, e a possibilidade de se determinar a existência de certas qualidades ou defeitos por meio de efeitos aparentemente irrelacionados com elas ou eles." Carta a João Gaspar Simões de 11 de dezembro de 1931. *Obras em prosa*, p. 63.
[27] Carta a João Gaspar Simões de 11 de dezembro de 1931. *Obras em prosa*, p. 65; grifo meu.

O desenvolvimento dessa questão pode ser encontrado em um importante fragmento do *Livro do desassossego*, escrito 20 dias depois da carta a Simões e do qual tratarei adiante. Por ora, cabe registrar a definição central de si que Pessoa condensa na carta ao amigo, em contrapartida a sua análise por demais psicologizada. Primeiro, Pessoa esclarece que a função do crítico deve concentrar-se em três pontos:

> (1) estudar o artista exclusivamente como artista, e não fazendo entrar no estudo mais do homem que o que seja rigorosamente preciso para explicar o artista; (2) buscar o que poderemos chamar a explicação central do artista (tipo lírico, tipo dramático, tipo lírico elegíaco, tipo dramático poético etc.); (3) compreendendo a essencial inexplicabilidade da alma humana, cercar estes estudos e estas buscas de uma leve aura poética de desentendimento. Este terceiro ponto tem talvez qualquer coisa de diplomático, mas até com a verdade, meu querido Gaspar Simões, há que haver diplomacia.[28]

O segundo ponto é o mais importante e é nele que Pessoa se detém:

> O ponto central da minha personalidade como artista é que *sou um poeta dramático*; tenho, continuamente, em tudo quanto escrevo, a exaltação íntima do poeta e a despersonalização do dramaturgo. *Voo outro – eis tudo*. Do ponto de vista humano – em que ao crítico não compete tocar, pois de nada lhe serve que toque – sou um histeroneurastênico com a predominância do elemento histérico na emoção e do elemento neurastênico na inteligência e na vontade (...). Desde que o crítico fixe, porém, que sou essencialmente poeta dramático, tem a chave da minha personalidade, no que pode interessá-lo a ele, ou a qualquer pessoa que não seja um psiquiatra, que, por hipótese, o crítico não tem que ser. Munido desta chave, ele pode abrir lentamente todas as fechaduras da minha expressão. Sabe que, como

---

[28] Carta a João Gaspar Simões de 11 de dezembro de 1931. *Obras em prosa*, p. 66.

poeta, sinto; que, como poeta dramático, *sinto despegando-me de mim*; que, como dramático (sem poeta), *transmudo automaticamente o que sinto para uma expressão alheia ao que senti, construindo na emoção uma pessoa inexistente que a sentisse verdadeiramente*, e por isso sentisse, em derivação, outras emoções que eu, puramente eu, me esqueci de sentir.[29]

É clara a semelhança entre essa "explicação central do artista" e a caracterização dos heterônimos como poetas de um drama sem enredo. Chama a atenção também que sua definição como artista aparece como indubitavelmente mais fundamental que o autodiagnóstico psíquico – este é coisa dada, e não interessa para além do que é. O mesmo se verifica em manuscrito de 1935 sobre a gênese dos heterônimos, no qual Shakespeare torna a ser evocado:

> Hoje já não tenho personalidade: quanto em mim haja de humano, eu o dividi entre os autores vários de cuja obra tenho sido o executor. Sou hoje o ponto de reunião de uma pequena humanidade só minha.
>
> Trata-se, contudo, simplesmente do *temperamento dramático elevado ao máximo*; escrevendo, em vez de dramas em atos e ação, dramas em almas. Tão simples é, na sua substância, este fenômeno aparentemente tão confuso.
>
> Não nego, porém – favoreço, até –, a explicação psiquiátrica, mas deve compreender-se que toda a atividade superior do espírito, porque é anormal, é igualmente suscetível de interpretação psiquiátrica. *Não me custa admitir que eu seja louco, mas exijo que se compreenda que não sou louco diferentemente de Shakespeare* (...).[30]

A outra carta fundamental para o entendimento de quem foi Fernando Pessoa tem como destinatário novamente Casais Monteiro,

---

[29] Carta a João Gaspar Simões de 11 de dezembro de 1931. *Obras em prosa*, p. 66; grifos meus.
[30] *Obras em prosa*, p. 92; grifos meus.

que entrementes havia respondido à carta de 13 de janeiro sobre a origem dos heterônimos. Mais uma vez cabe aqui uma transcrição integral:

> É extraordinariamente bem feita a sua observação sobre a ausência que há em mim do que possa legitimamente chamar-se uma evolução qualquer. Há poemas meus, escritos aos vinte anos, que são iguais em valia – tanto quanto posso apreciar – aos que escrevo hoje. Não escrevo melhor do que então, salvo quanto ao conhecimento da língua portuguesa – caso cultural e não poético. Escrevo diferentemente. Talvez a solução do caso esteja no seguinte.
>
> *O que sou essencialmente* – por trás das máscaras involuntárias do poeta, do raciocinador e do que mais haja – *é dramaturgo*. O fenômeno da minha *despersonalização instintiva* a que aludi em minha carta anterior, para explicação da existência dos heterônimos, conduz naturalmente a essa definição. Sendo assim, *não evoluo, VIAJO*. (Por um lapso na tecla das maiúsculas saiu-me, sem que eu quisesse, essa palavra em letra grande. Está certo, e assim deixo ficar.) Vou mudando de personalidade, vou (aqui é que pode haver evolução) enriquecendo-me na capacidade de criar personalidades novas, novos tipos de fingir que compreendo o mundo, ou antes, de fingir que se pode compreendê-lo. Por isso dei essa marcha em mim como comparável, não a uma evolução, mas a uma viagem: não subi de um andar para outro; segui, em planície, de um para outro lugar. Perdi, é certo, algumas simplezas e ingenuidades, que havia nos meus poemas de adolescência; isso, porém, não é evolução, mas envelhecimento.[31]

A chave de sua expressão é portanto o ser dramaturgo, atributo recorrente em todos os trechos citados até aqui.[32]

---

[31] Carta a Adolfo Casais Monteiro de 20 de janeiro de 1935. *Obras em prosa*, p. 100-101; grifos meus.
[32] "Isso é sentido na pessoa de outro; é escrito *dramaticamente*"; "trata-se (...) do temperamento *dramático* elevado ao máximo"; "é um *drama* em gente, em vez de em atos"; "o ponto central (...) é que sou um poeta *dramático*", e assim por diante.

II.

O "caso" Fernando Pessoa – as trajetórias dele mesmo e de seus heterônimos – é perfeito para discutirmos a condição do indivíduo moderno e o significado da criação literária nesse contexto. Segundo Tabucchi, Pessoa foi pioneiro no lançamento da problemática da modernidade, antecedendo mesmo autores que se dedicaram aos caminhos subterrâneos do eu, como Breton, Svevo, Pirandello, Joyce e Valéry.[33] Se, para essa modernidade, a figura predominante era o homem sem qualidades, o pequeno empregado, como o Gregor Samsa de Kafka, Pessoa efetivamente viveu esse papel, diz Tabucchi.[34]

Com efeito, o esfacelamento do eu e a falência da identidade unívoca do sujeito estão claramente dados no caso dos heterônimos de Pessoa. Como entretanto esse eu fragmentado é coetâneo do indivíduo único e autônomo também chamado de "moderno", convém atentar para algumas diferenças importantes.

Comecemos lembrando os argumentos que Pierre Bourdieu utilizou ao chamar a atenção para a "ilusão biográfica": quando se fala de história de vida, de biografia, pressupõe-se uma "unidade do eu" que, na verdade, é uma formidável abstração. Essa ilusão compreende a ideia de uma identidade coerente; de um todo, com projetos e intenções; de uma trajetória de acontecimentos sucessivos (e aqui cabem as diversas variantes: é comum representar-se a vida como estrada, caminho, carreira, corrida, trajeto etc.). Além disso, a ordem cronológica com que se organizam biografias imprime à vida uma lógica retrospectiva e prospectiva, preocupada em dar um sentido à existência. O nome próprio, a individualidade biológica (reconhecida pelo retrato) e a assinatura asseguram a constância e alimentam a ilusão de unidade, quando, na verdade, o eu é fracionado e múltiplo.[35]

---

[33] André Breton (1896-1966) teve sua primeira coletânea de poemas publicada em 1919; seu *Manifesto do surrealismo* é de 1924. Ettore Schmitz Svevo (1861-1928), dito Italo, revelou-se, com *A consciência de Zeno*, de 1923, precursor da estética da ficção moderna e mestre da literatura introspectiva. Luigi Pirandello (1867-1936) passou a fazer sucesso com suas peças teatrais filosóficas em 1917 (*Seis personagens à procura de um autor* é de 1921). *O retrato do artista quando jovem* de James Joyce (1882-1941) é de 1914, e seu *Ulysses* é de 1922. E Paul Valéry (1871-1945) dedicou-se à poesia a partir de 1917, depois de ficar longos anos sem escrever.
[34] Tabucchi, 1992, p. 31-34.
[35] Bourdieu, 1996.

Outros autores também chamaram a atenção para a ilusão de unidade do eu. Philippe Lejeune, por exemplo, contrapôs a ela as inúmeras distâncias e divisões que separam o sujeito da enunciação do sujeito do enunciado, quando se fala de si. No caso das autobiografias, diz Lejeune, essas distâncias levam à sensação de que parece impossível "exprimir totalmente" a pessoa, revelando "a tensão entre a impossível unidade e a intolerável divisão, e o corte fundamental que faz do sujeito falante um ser de fuga".[36]

Não é à toa, certamente, que Bourdieu relaciona a fragmentação do eu ao advento do romance moderno, que abandona o relato linear e está ligado à descoberta de que "o real é descontínuo, formado de elementos justapostos sem razão".[37] Para Bourdieu, o romance moderno mostra, por oposição, o arbitrário da história coerente e totalizante.

O mesmo se pode dizer do "drama em gente" de Fernando Pessoa: ele mostra, por exacerbação, a impossível unidade do eu. Entretanto, não podemos deixar de reconhecer que, no mais das vezes, o que predomina em nossas vidas diárias, memórias, projetos e futuros, é a ilusão de unidade do eu, que, de tão arraigada, deixa de ser ilusão e passa a ser coisa dada. As ciências da psique tornaram isso ainda mais fácil porque incorporaram contradições e multiplicidades ao sentido da existência. Não precisamos ser indivíduos lineares; somos complexos em nossa individualidade, que continua única e singular.

Na antropologia, todo esse debate já se consolidou em um campo de estudo específico, desde as reflexões de Marcel Mauss e Georg Simmel, até os trabalhos de Louis Dumont e, no Brasil, de Gilberto Velho e Luiz Fernando Duarte, entre muitos outros. Em textos que discutem a questão do indivíduo na modernidade, geralmente chama-se a atenção para a coexistência de duas noções, o individualismo quantitativo e o qualitativo, relacionada – a coexistência – a um dos paradoxos da modernidade: a impossível conciliação dos ideais de igualdade e liberdade.[38] O indivíduo igual perante os outros, sujeito moral e político, é contemporâneo do indivíduo livre, único e singular. Mesmo levando em conta esse paradoxo,

---

[36] Lejeune, 1980, p. 38.
[37] Allain Robbe-Grillet, *Le miroir qui revient*. Apud Bourdieu, 1996, p. 185.
[38] Ver Simmel, 1989; Velho, 1981; Castro & Araújo, 1977; Duarte, 1983, entre outros.

a especificidade das sociedades modernas seria dada pelo fato de terem como fundamento, eixo e mesmo "culto" o indivíduo como valor.

Ora, o exemplo de Fernando Pessoa – e não só dele, evidentemente – permite supor que a partir de determinado momento – do início deste século, talvez – o valor "indivíduo moderno" passou a conviver com seu esfacelamento – com declarações, manifestações e exemplos que o negam. Para efeitos de raciocínio, e de adequação mesmo, podemos chamar esse esfacelamento do sujeito, essa "morte do homem" de "pós-moderno" – não querendo isso dizer, em absoluto, que ele sucede ao moderno. Desde que surgiu, o pós-moderno é simultâneo ao moderno; a ausência de sujeito e a fragmentação do eu convivem com a fixação de sentido e da unidade do eu. O romance moderno – lembrando Bourdieu – é coetâneo da biografia.[39]

Exemplo "típico" desse novo quadro é o romance inacabado *O homem sem qualidades*, de Robert Musil (1880-1942). De acordo com Hermano Vianna, que o analisou, "o homem sem qualidades é aquele que recusa ser aprisionado por uma essência ou pela linearidade de uma biografia. No homem sem qualidades nada é permanente, tudo é mutável, provisório, precário, contingente: estão abertas, para sempre, todas as possibilidades do ser".[40] Ele odeia tudo o que finge ser imutável – os grandes ideais e as grandes leis – e não está interessado em encontrar a razão intrínseca e a essência profunda das coisas. "Não existe progresso ou decadência em sua vida, pois não existem critérios com os quais possamos medir os avanços e avaliar as perdas."[41]

"Pós-modernidade" é termo repugnado por alguns pesquisadores das ciências humanas. Há casos, contudo, em que constitui ferramenta bastante útil para pensarmos o período contemporâneo. É claro que, em diversos aspectos, aproxima-se do movimento *modernista* nas artes e na

---

[39] Discuti as possibilidades de unidade e esfacelamento do eu em diferentes instâncias da criação literária em minha dissertação de mestrado, "A identidade no processo de criação literária: autobiografia e ficção em dois casos da literatura brasileira contemporânea", apresentada ao Programa de Pós-Graduação em Antropologia Social do Museu Nacional da Universidade Federal do Rio de Janeiro em 1988. Uma síntese do que foi ali apresentado encontra-se em Alberti, 1991 e 1992, com ênfase sobre as diferenças entre autobiografia e ficção, no que concerne à "movência" do sujeito na literatura.
[40] Vianna, 1988, p. 57-58.
[41] *Ibid.*, p. 76.

literatura do início do século XX. Mas isso não basta para abdicarmos de seu uso. "Pós-moderno" é útil quando se deseja marcar a diferença em relação a parâmetros cristalizados desde a "primeira modernidade", o início da chamada Idade Moderna, em que o sujeito nascia como produtor do conhecimento, e em relação à "segunda modernidade", o Iluminismo, quando se sedimentavam as ideias do tempo como agente de mudança e da permanente evolução da humanidade.

Toda essa discussão sobre o pós-moderno também já se constituiu em uma espécie de campo do conhecimento – muitas vezes à revelia do próprio pós-moderno, avesso a totalizações desse tipo. Para Hans Ulrich Gumbrecht, pós-modernidade é uma "situação que desfaz, neutraliza e transforma os efeitos acumulados das modernidades que se sucederam desde o século XV".[42] Uma das tendências epistemológicas de nosso presente é, segundo Gumbrecht, a *destemporalização*. Perdeu-se tanto o otimismo com relação ao futuro quanto a crença de que se pode deixar o passado para trás facilmente. Disso decorre a ideia de um *presente mais amplo* e, por isso, com mais conteúdos contraditórios e ecléticos. O tempo não é mais o agente absoluto de mudança, não há mais sucessão de eventos; o que há são *possibilidades simultâneas*, sincronia ao invés de diacronia. Com a destemporalização, enfraquece-se o caráter de agente que o sujeito adquirira no século XVIII. Além disso, se já não entendemos o tempo predominantemente como algo que se move, é cada vez menos possível encontrar um denominador comum para cada época. O que há são *contiguidades*, não mais totalizações.[43]

Ora, é justamente isso que acontece com o personagem de Musil, no qual Vianna identifica "os traços principais (ou a ausência de traços) da sensibilidade pós-moderna".[44] Não há progresso com o tempo, não há denominador comum. O homem sem qualidades opõe-se ao "grande homem", que acredita em sua biografia e na obra que dá coerência a sua

---

[42] Gumbrecht, s/d, p. 15.
[43] Faço uso aqui, além do texto citado, de minhas anotações no curso "Pós-histórico e pós--hermenêutico", ministrado por Gumbrecht em maio de 1996, no Programa de Pós-Graduação em História Social da Cultura da Pontifícia Universidade Católica do Rio de Janeiro.
[44] Vianna, 1988, p. 63.

vida.⁴⁵ Ele rompe com a coerência do *self* e questiona, na maioria dos homens, a tranquilidade da sucessão pura e simples.

É isso também que ocorre com Fernando Pessoa: a destotalização do eu, a simultaneidade de conteúdos contraditórios e ecléticos e a ausência de mudança no tempo – "não evoluo, VIAJO". Como diz Antonio Tabucchi, em Pessoa se dá o triunfo da sincronia sobre a diacronia: pelo mecanismo da heteronímia, é possível que todos eus escrevam simultaneamente.⁴⁶ Para Andrea Zangotto, em entrevista ao final do livro de Tabucchi, esse eu "que fabrica cópias de si e que, no final das contas, não sabe mais se é o 'original' ou uma cópia", anuncia o fracasso do discurso do subjetivismo absoluto.⁴⁷

Obra inacabada

Como a perspectiva pós-moderna admite uma infinidade de possíveis, faz parte desse quadro não concluir a obra. Como diz Vianna a respeito de *O homem sem qualidades*, "Musil deixou uma obra não só inacabada, mas com inúmeras possibilidades de conclusão. Esta é uma característica fundamental do pensamento musiliano: o mundo está entregue a infinitos 'possíveis'. *Qualquer escolha é, por si só, um empobrecimento.*"⁴⁸ O mesmo ocorre com Pessoa: podemos supor que, para além das dificuldades de ordem material, o fato de a maior parte de sua obra permanecer inédita até sua morte se deve à impossibilidade de escolher sua edição definitiva.

O escritor e crítico Maurice Blanchot, não por acaso autor de importante ensaio sobre *O homem sem qualidades* publicado em 1958,⁴⁹ identifica a impossibilidade de conclusão como caracterísitca da própria criação literária. Em seu livro *O espaço literário*, de 1955, Blanchot distingue entre "espaço literário" e "curso do mundo". O primeiro é incessante, interminável, infinito, atemporal – uma dimensão a que o escritor se

---

⁴⁵ Vianna, 1988, p. 76.
⁴⁶ Tabucchi, 1992, p. 23.
⁴⁷ *Apud* Tabucchi, 1992, p. 121.
⁴⁸ Vianna, 1988, p. 62.
⁴⁹ Cf. Vianna, 1988, p. 63.

entrega experimentando a fascinação da imagem e sua anulação como sujeito; o segundo é o lugar do trabalho, da ação, do tempo e de toda sorte de finitudes. No extremo do "espaço literário", escrever acaba sendo impossível, uma prolixidade estéril; o escritor corre o risco de tornar-se errante e, por força da necessidade infinita de escrever, chegar ao ponto em que nada pode ser feito de palavras, em que se instaura a inatividade (*désoeuvrement*), a impotência, a ausência. Por isso, ele precisa do "curso do mundo", ele precisa impor um silêncio à prolixidade estéril:

> A maestria do escritor não está na mão que escreve [a mão fascinada, que quer alcançar o inalcançável], essa mão "doente" que nunca larga o lápis, que não pode largá-lo (...). A maestria é sempre o fato da outra mão, a que não escreve, capaz de intervir no momento em que é preciso, de pegar o lápis e de afastá-lo. A maestria consiste, pois, no poder de parar de escrever, de interromper o que se escreve (...).[50]

Essa segunda mão tornaria então o escrever possível; ela é a "parte leitor" do escritor, que o defende do estado errante, fazendo-o voltar ao "curso do mundo", pois o livro é atividade, trabalho finito.

Em acordo com esse raciocínio, Blanchot diferencia a "obra" do "livro". A primeira é interminável, porque o escritor continua perseguindo o inacabado depois de publicar um livro, pondo-se a escrever de novo. O livro, ao contrário, é trabalho finito, faz parte do "curso do mundo" e só se consubstancia no ato de ler, passageiro e descompromissado. Um livro que não é lido é, para Blanchot, uma coisa que ainda não foi escrita.[51]

Para passar da prolixidade estéril do "espaço literário" à comunicação, ao ato de escrever propriamente dito, Pessoa punha em prática um método infalível: o fingimento. Fingir-se outro, fingir emoções alheias era a chave de sua criação literária. Essa maestria é ilustrada pelo fingimento da saudade da infância, de que trata o fragmento do *Livro do desassossego* escrito 20 dias depois da carta a João Gaspar Simões, mencionado antes.

---

[50] Blanchot, 1955, p. 15.
[51] *Ibid.*, p. 253-263.

Sua relevância compensa a citação extensa – lembremos, contudo, que quem escreve é o semi-heterônimo Bernardo Soares.

> A arte consiste em fazer os outros sentir o que nós sentimos (...). O que sinto, na verdadeira substância com que o sinto, é absolutamente incomunicável; e quanto mais profundamente o sinto, tanto mais incomunicável é. Para que eu, pois, possa transmitir a outrem o que sinto tenho que traduzir os meus sentimentos na linguagem dele, isto é, que dizer tais coisas como sendo as que eu sinto, que ele, lendo-as, sinta exactamente o que eu senti. E como este outrem é, por hipótese de arte, não esta ou aquela pessoa, mas toda a gente, isto é, aquela pessoa que é comum a todas as pessoas, o que, afinal, tenho que fazer é converter os meus sentimentos num sentimento humano típico, ainda que pervertendo a verdadeira natureza daquilo que senti. (...)
>
> Darei (...) um exemplo simples (...). Suponha-se que, por um motivo qualquer, que pode ser o cansaço de fazer contas ou o tédio de não ter que fazer, cai sobre mim uma tristeza vaga da vida, uma angústia de mim que me perturba e inquieta. Se vou traduzir esta emoção por frases que de perto a cinjam, quanto mais de perto a cinjo, mais a dou como propriamente minha, menos, portanto, a comunico a outros. E, *se não há comunicá-la a outros, é mais justo e mais fácil senti-la sem escrever.*
>
> Suponha-se, porém, que desejo comunicá-la a outros, isto é, fazer dela arte, pois a arte é a comunicação aos outros da nossa identidade íntima com eles; sem o que nem há comunicação nem necessidade de a fazer. Procuro qual será a emoção humana vulgar que tenha o tom, o tipo, a forma desta emoção em que estou agora, pelas razões inumanas e particulares de ser um guarda-livros cansado ou um lisboeta aborrecido. E verifico que o tipo de emoção vulgar que produz, na alma vulgar, esta mesma emoção é a saudade da infância perdida.
>
> Tenho a chave para a porta do meu tema. Escrevo e choro a minha infância perdida; demoro-me comovidamente sobre os

> pormenores de pessoas e mobília da velha casa na província; evoco a felicidade de não ter direitos nem deveres, de ser livre por não saber pensar nem sentir – e esta evocação, se for bem feita como prosa e visões, vai despertar no meu leitor exactamente a emoção que eu senti, e que nada tinha com infância.
> Menti? Não, compreendi. (...) A mentira é simplesmente a linguagem ideal da alma, pois, assim como nos servimos de palavras, que são sons articulados de uma maneira absurda, para em linguagem real traduzir os mais íntimos e subtis movimentos da emoção e do pensamento, que as palavras forçosamente não poderão nunca traduzir, assim *nos servimos da mentira e da ficção para nos entendermos uns aos outros, o que, com a verdade, própria e intransmissível, se nunca poderia fazer.*[52]

Se Pessoa sabia como passar do estado errante à realização artística, por que, então, manteve inédita a maior parte de seus textos concluídos – o que, ao extremo, seguindo Blanchot, é o mesmo que se não tivessem sido escritos? Parece que essa outra passagem – o tornar público – oferecia mais dificuldades.

Conhecem-se pelo menos 22 projetos editoriais elaborados por Pessoa, para a publicação de sua obra.[53] Esse tema ocupava-o também nas cartas aos amigos e nos prefácios a livros possíveis, em que especificava suas intenções de publicação. A famosa carta a Adolfo Casais Monteiro de 13 de janeiro de 1935 começa com considerações a respeito:

> Concordo absolutamente consigo em que não foi feliz a estreia, que de mim mesmo fiz com um livro da natureza de *Mensagem*. (...) Quando às vezes pensava na ordem de uma futura publicação de obras minhas, nunca um livro do gênero de *Mensagem* figurava em número um. Hesitava se deveria começar por um livro de versos grande – um livro de umas 350 páginas –, englobando as várias subpersonalidades de Fernando Pessoa ele-mesmo,

---

[52] *Livro do desassossego*, II, p. 206-207. Fragmento escrito em 1/12/1931.
[53] Os projetos são reproduzidos nas primeiras páginas do *Livro do desassossego* da edição aqui consultada (*Livro do desassossego*, I, p. 33-55).

ou se deveria abrir com uma novela policiária, que ainda não consegui completar.[54]

Em cartas a Armando Cortes-Rodrigues e a João Gaspar Simões, é possível verificar que Pessoa costumava modificar seus projetos de publicação. Em janeiro de 1915, diz ter o propósito de "lançar pseudonimamente a obra Caeiro-Reis-Campos".[55] Passados 17 anos, contudo, expressa opinião diversa: "segundo a última intenção que formei a respeito", os heterônimos "devem ser por mim publicados sob o meu próprio nome (já é tarde, e portanto absurdo, para o disfarce absoluto)".[56] Mas o projeto não se consubstancia: três anos depois, escreve a Casais Monteiro que não poderá publicar a obra dos três principais heterônimos, por recear a nenhuma venda de livros desse tipo.[57]

A quantidade de projetos de edição e de esclarecimentos sobre o assunto aos amigos e a leitores hipotéticos, além da própria existência dos mais de 25 mil escritos na arca, permite falar de uma impossibilidade de publicação, como se aí se situasse a prolixidade estéril de Pessoa. Apesar de ter claro como passar da incomunicabilidade à comunicação, parece que sua necessidade enorme e vital de escrever era saciada pela própria produção, prescindindo do leitor – veremos adiante como se pode compreender isso, com base no *Livro do desassossego*.

A noção de "projeto" desenvolvida por Gilberto Velho para o estudo de sociedades contemporâneas pode ajudar-nos a relacionar a prolixidade estéril da obra inacabada com a ideia de memórias, projetos e futuros. Dois dos requisitos para a existência de um projeto podem ser reconhecidos nas noções de "segunda mão" e de "livro" de Blanchot: seu *caráter consciente* e a *possibilidade de comunicação*.[58] Para sair da dimensão errante da inatividade, é preciso tornar consciente o objetivo de frear a mão fascinada e saber comunicar o incomunicável. Ou, no dizer de Bernardo Soares: não

---

[54] Carta a Adolfo Casais Monteiro de 13 de janeiro de 1935. *Obra em prosa*, p. 93-94.
[55] Carta a Armando Cortes-Rodrigues de 19 de janeiro de 1915. *Obras em prosa*, p. 55.
[56] Carta a Gaspar Simões de 28 de julho de 1932. *Obras em prosa*, p. 466.
[57] Cartas a Adolfo Casais Monteiro de 13 e 20 de janeiro de 1935. *Obras em prosa*, p. 94 e 101.
[58] Velho, 1981, p. 27.

adianta querer traduzir uma emoção por frases que a cinjam de muito perto ("obra"); é preciso buscar outra emoção (saudade da infância) que produza na alma vulgar a mesma emoção e, assim, conscientemente mentindo, comunicar o incomunicável ("livro").

Podemos entender os inúmeros projetos de edição da obra de Pessoa como sendo, cada um deles, tentativas – ainda que estéreis – de dar uma ordem ao caos, ou, como afirma Gilberto Velho, "tentativa[s] consciente[s] de dar um sentido ou uma coerência a essa experiência fragmentadora"[59] – no caso, a "obra" (e não, evidentemente, a experiência fragmentadora do indivíduo, que é do que trata Gilberto Velho nesta passagem). Vistos dessa forma, os projetos editoriais de Pessoa atenderiam a outra ideia destacada por Velho, "a de que os projetos mudam, um pode ser substituído por outro, podem-se transformar".[60] Há uma diferença fundamental, contudo: aos projetos de Pessoa *não correspondem ações*. Sua prolixidade documenta a impossibilidade de publicação; não há projeto de edição que o satisfaça e que faça frear sua prolixidade errante. Como em Musil, aqui escolher é empobrecer.

Talvez a solução esteja no seguinte. Ainda que não admita unidade, totalização, denominador comum, ação objetiva etc., o pós-moderno pode fazer coincidir seu sentido com a própria ausência de unidade. Podemos dizer que Pessoa procurou dar sentido ou coerência a si mesmo ao dar a "explicação central" de si: consciente, verbalizada, comunicada aos amigos. A diferença está em que sua explicação central é o oposto de qualquer busca de unidade; a "unidade do eu" de Pessoa é justamente a ausência de unidade, a despersonalização dramática.

Disso resulta que, se essa explicação central encerra um projeto – no sentido de ação consciente prospectiva passível de ser comunicada –, tal projeto terá que prescindir necessariamente de um sujeito. No limite, não será um projeto *individual*. Veremos que, para Pessoa, projeto só pode ser ação quando é literatura.

---

[59] Velho, 1981, p. 31.
[60] *Ibid.*, p. 27.

III. *Livro do desassossego*

Sobre o *Livro do desassossego* diz Antonio Tabucchi:

> Essa a-dramática autobiografia de uma pessoa que não existe é a única grande obra narrativa que Pessoa deixou: seu romance. Um livro que é um "projeto de livro", pois como projeto ele ocupou Pessoa por mais de 20 anos, e no estágio de projeto (...) foi encontrado na arca.[61]

Com efeito, há menções ao *Livro do desassossego* em cartas escritas por Pessoa pelo menos desde 1914 até 1932. Geralmente o tom é esse: um livro tortuoso; um estado de espírito de depressão profunda e calma; "fragmentos, fragmentos, fragmentos".[62] E em 1932, está longe de ser concluído, não podendo entrar no mais recente projeto de publicação das obras: "O *Livro do desassossego* tem muita coisa que equilibrar e rever, não podendo eu calcular, decentemente, que me leve menos de um ano a fazê-lo."[63]

Vicente Guedes e Bernardo Soares sucederam-se na função de autores. No prefácio a *Aspectos*, primeiro projeto de edição dos escritos dos heterônimos, o *Livro do desassossego*, é apresentado como obra póstuma, escrita "por quem diz de si próprio chamar-se Vicente Guedes".[64] Já no prefácio a *Ficções do interlúdio*, que tomaria o lugar de *Aspectos*, é Bernardo Soares o autor. O livro, no entanto, é excluído da publicação então projetada, porque destoava das produções dos demais heterônimos.

---

[61] Tabucchi, 1992, p. 74.
[62] "O que principalmente tenho feito é sociologia e desassossego. V. percebe que a última palavra diz respeito ao 'livro' do mesmo? De fato tenho elaborado várias páginas daquela produção doentia. A obra vai pois complexamente e tortuosamente avançando." (Carta a Armando Cortes-Rodrigues de 2 de setembro de 1914. *Obras em prosa*, p. 45.) "O meu estado de espírito atual é de uma depressão profunda e calma. Estou há dias, ao nível do *Livro do desassossego*. E alguma cousa dessa obra tenho escrito. Ainda hoje escrevi quase um capítulo todo." (Carta a Armando Cortes-Rodrigues de 4 de outubro de 1914. *Obras em prosa*, p. 49.) "O meu estado de espírito obriga-me agora a trabalhar bastante, sem querer, no *Livro do desassossego*. Mas tudo fragmentos, fragmentos, fragmentos." (Carta a Armando Cortes-Rodrigues de 19 de novembro de 1914. *Obras em prosa*, p. 50.)
[63] Carta a João Gaspar Simões de 28 de julho de 1932. *Obras em prosa*, p. 466.
[64] *Obras em prosa*, p. 82.

Há de o leitor reparar que, embora eu publique (...) o *Livro do desassossego* como sendo de um tal Bernardo Soares, ajudante de guarda-livros na cidade de Lisboa, o não incluí todavia nestas *Ficções do interlúdio*. É que Bernardo Soares, distinguindo-se de mim por suas ideias, seus sentimentos, seus modos de ver e de compreender, não se distingue de mim pelo estilo de expor. (...) Nos autores das *Ficções do interlúdio* não são só as ideias e os sentimentos que se distinguem dos meus: a mesma técnica da composição, o mesmo estilo, é diferente do meu. Aí cada personagem é criada integralmente diferente, e não apenas diferentemente pensada. Por isso nas *Ficções do interlúdio* predomina o verso. *Em prosa é mais difícil de se outrar*.[65]

Já vimos que Bernardo Soares é um "semi-heterônimo": é Fernando Pessoa "menos o raciocínio e a afetividade". Mas ele é também "menos outro" que os demais heterônimos porque escreve *em prosa*. Por que na prosa é mais difícil de "se outrar"? Porque a poesia já é artificial no próprio ritmo.[66] "A simulação é mais fácil em verso, até porque é mais espontânea, em verso", escreve Pessoa na famosa carta a Casais Monteiro.[67] Ou, como diz Bernardo Soares no *Livro do desassossego*, "um poema é a expressão de ideias ou de sentimentos em linguagem que ninguém emprega, pois que ninguém fala em verso";[68] a poesia "começa a mentir na própria estrutura".[69]

Não é por acaso, certamente, que Pessoa identifica o ponto central de sua personalidade como artista como a de *poeta* dramático. Ser poeta facilita a despersonalização. Essa circunstância dá ao *Livro do desassossego* (escrito *em prosa* por um *semi*-heterônimo) um estatuto especial, pois

---

[65] *Obras em prosa*, p. 86; grifo meu.
[66] Em documento escrito por volta de 1930, Pessoa praticamente reduz a diferença entre prosa e verso ao ritmo artificial dos versos. Enquanto as pausas, na prosa (desde a vírgula até o parágrafo), derivam da significação do que se diz, as pausas ao fim de cada verso, na poesia, ocorrem por predominar a emoção, e não a ideia propriamente dita. "O verso é a prosa artificial, o discurso disposto musicalmente", conclui (*Obras em prosa*, p. 273). Em outro fragmento, lê-se que a prosa é o estado mental que se projeta em simples palavras, ao passo que o verso é o estado mental que se projeta em ritmo feito com palavras (*Poemas dramáticos*, p. 29-30).
[67] Carta a Adolfo Casais Monteiro de 13 de janeiro de 1935. *Obras em prosa,* p. 98.
[68] *Livro do desassossego*, II, p. 99.
[69] *Ibid.*, II, p. 207.

muitas vezes podemos nos perguntar se é *outro* mesmo que fala. As dúvidas aumentam diante das próprias circunstâncias de edição do livro. Na arca, certos fragmentos foram reconhecidos pela indicação "L do D" no topo dos papéis, mas nem todos vinham marcados. Dado o "estágio de projeto" a que se refere Tabucchi, ocorreu com o *Livro do desassossego* o mesmo que com *O homem sem qualidades* de Musil: há edições diferentes, incluindo ou não determinados fragmentos, cuja ordenação também não é sempre a mesma.[70] Outra dificuldade é a existência de dois autores. Não fica claro quando Bernardo Soares passou a substituir o falecido Vicente Guedes. Teresa Sobral Cunha, organizadora da edição do *Livro do desassossego* aqui consultada, acredita que ele foi se apropriando da redação do livro ainda antes de 1929, quando aparece como seu público e deliberado autor.[71] Mas como muitos fragmentos não têm data, é difícil saber ao certo quem é o autor de qual.

Todas essas nuanças não anulam, contudo, uma questão fundamental: o fato de Fernando Pessoa ele mesmo *não* ser o autor do *Livro do desassossego*. O livro é, sem dúvida, pós-moderno em vários aspectos. Mas Pessoa não se contenta com a solução *blasée* do homem sem qualidades.[72] A despersonalização dramática o torna mais radicalmente pós-moderno do que Musil, que, seguindo-se a análise de Vianna, identificava-se com seu personagem.[73] Pessoa não cabe em uma só pessoa. Ele é mais do que isso: um poeta bucólico, um neoclassicista, um futurista, um astrólogo, um filósofo... Ele é tão múltiplo que encarregou a Vicente Guedes e Bernardo Soares de serem os personagens pós-modernos de seu drama em gente.

---

[70] Hermano Vianna refere-se a "diferentes escolas de interpretação do pensamento de Musil, tentando decifrar suas reais intenções" (Vianna, 1988, p. 62).
[71] As opiniões da pesquisadora estão nos prefácios ao segundo e primeiro volumes do livro, respectivamente: *Livro do desassossego*, II, p. 9, e I, p. 17 e 19. Quanto à aparição de Soares como autor, trata-se de pequeno trecho do livro publicado na revista *Solução Editora*, nº 2, de 1929, subscrito por Fernando Pessoa e atribuído a Soares: "Trecho do 'Livro do desasocego', composto por Bernardo Soares, ajudante de guarda-livros na cidade de Lisboa." (*Livro do desassossego*, II, p. 39).
[72] Lembrando Simmel, para quem a atitude *blasée* é tipicamente urbana e moderna, Hermano Vianna associa *O homem sem qualidades*, um "romance urbano", ao ar *blasé*, "principal 'qualidade' dos metropolitanos" (Vianna, 1988, p. 65).
[73] Por exemplo: tanto Musil quanto Ulrich, o protagonista do romance, sofreram influência do pensador-cientista Ernest Mach e ambos prezavam a ironia (Vianna, 1988, p. 72, 76 e 80).

Comecemos pela própria definição que dão do *Livro do desassossego*. Vicente Guedes explica, em um dos prefácios: "Este livro é a biografia de alguém que nunca teve vida."[74] Mais adiante é a vez de Bernardo Soares dizer do que se trata:

> Invejo – mas não sei se invejo – aqueles de quem se pode escrever uma biografia, ou que podem escrever a própria. Nestas minhas impressões sem nexo, nem desejo de nexo, narro indiferentemente *a minha autobiografia sem factos, a minha história sem vida*. São as minhas Confissões, e, se nelas nada digo, é que nada tenho que dizer.
> (...) Se escrevo o que sinto é porque assim diminuo a febre de sentir. O que confesso não tem importância, pois nada tem importância. Faço paisagens com o que sinto. Faço férias das sensações. Compreendo bem as bordadoras por mágoa e as que fazem meia porque há vida. Minha tia velha fazia paciências durante o infinito do serão. Estas confissões de sentir são paciências minhas. Não as interpreto (...). Não as ausculto (...). Desenrolo-me como uma meada multicolor, ou faço comigo figuras de cordel, como as que se tecem nas mãos espetadas e se passam de umas crianças para as outras. Cuido só de que o polegar não falhe o laço que lhe compete. Depois viro a mão e a imagem fica diferente. E recomeço.[75]

O *Livro do desassossego* é, entre outras coisas, um livro sobre o tédio,[76] sobre a impossível unidade do eu, uma antiautobiografia – não há "curso da vida", "trajetória", "carreira". Como diz Bernardo Soares: "autobiografia sem fatos", "história sem vida", "paciências"... Este é o sentido predominante do "desassossego". Vejam-se fragmentos importantes:

> Preciso explicar-lhe que viajei realmente. Mas tudo me sabe a constar-me que viajei, mas não vivi. Levei de um lado para o

---

[74] *Livro do desassossego*, I, p. 66.
[75] *Livro do desassossego*, II, p. 38; grifo meu.
[76] "Quero que a leitura deste livro vos deixe a impressão de tédio continuado em pesadelo voluptuoso" (*Livro do desassossego*, I, p. 211).

outro, de norte para sul... de leste para oeste o cansaço de ter tido um passado, o tédio de viver o presente, e o *desassossego* de ter que ter um futuro. Mas tanto me esforço que *fico todo no presente matando dentro de mim o passado e o futuro.*[77]

Note-se a ideia de um presente mais amplo, característico da destemporalização referida acima. Neste outro fragmento evidenciam-se outras tendências do pós-moderno: a ausência de essência, a destotalização, o privilégio da materialidade sobre o conteúdo, a duplicidade do eu:

> E assim sou, fútil e sensível, capaz de impulsos violentos e absorventes, maus e bons, nobres e vis, mas *nunca de um sentimento que subsista, nunca de uma emoção que continue, e entre para a substância da alma.* Tudo em mim é a tendência para ser a seguir outra coisa: uma impaciência da alma consigo mesma, como com uma criança inoportuna; um *desassossego* sempre crescente e sempre igual. Tudo me interessa e nada me prende. Atendo a tudo sonhando sempre; fixo os mínimos gestos faciais de com quem falo, recolho as entoações milimétricas dos seus dizeres expressos; mas ao ouvi-lo, não o escuto, estou pensando noutra coisa, e o que menos colhi da conversa foi a noção do que nela se disse, da minha parte ou da parte de com quem falei. Assim, muitas vezes, repito a alguém o que já lhe repeti, pergunto-lhe de novo aquilo a que ele já me respondeu; mas posso descrever, em quatro palavras fotográficas, o semblante muscular com que ele disse o que me não lembra, ou a inclinação de ouvir com os olhos com que recebeu a narrativa que me não recordava ter-lhe feito. *Sou dois, e ambos têm a distância* – irmãos siameses que não estão pegados.[78]

Há passagens que revelam um conhecimento muito claro do desassossego pós-moderno:

> Quando nasceu a geração, a que pertenço, encontrou o mundo desprovido de apoios para quem tivesse cérebro, e ao mesmo tempo coração. O trabalho destrutivo das gerações anteriores

---

[77] *Livro do desassossego*, I, p. 80; grifos meus.
[78] *Livro do desassossego*, II, p. 39; grifos meus.

fizera que o mundo, para o qual nascemos, não tivesse segurança que nos dar na ordem religiosa, esteio que nos dar na ordem moral, tranquilidade que nos dar na ordem política. Nascemos já em plena angústia metafísica, em plena angústia moral, em pleno *desassossego* político. (...) de tal choque de doutrinas, só ficou a certeza de nenhuma, e a dor de não haver essa certeza. (...) Nossos pais destruíram contentemente, porque viviam numa época que tinha ainda reflexos da solidez do passado. Era aquilo mesmo que eles destruíam que dava força à sociedade para que pudessem destruir sem sentir o edifício rachar-se. Nós herdámos a destruição e os seus resultados.[79]

O tédio, que em *O homem sem qualidades* também é tema central, ajusta-se perfeitamente a esse mundo sem esteio:

> O tédio é, sim, o aborrecimento do mundo, o mal-estar de estar vivendo, o cansaço de se ter vivido; o tédio é, deveras, a sensação carnal da vacuidade prolixa das coisas. Mas o tédio é mais do que isto, o aborrecimento de outros mundos, quer existam quer não; o mal-estar de ter que viver, ainda que outro, ainda que de outro modo, ainda que noutro mundo; o cansaço, não só de ontem e de hoje, mas de amanhã também, e da eternidade, se a houver, e do nada, se é ele que é a eternidade. Nem é só a vacuidade das coisas e dos seres que dói na alma quando ela está em tédio: é também a vacuidade de outra coisa qualquer, que não as coisas e os seres, a vacuidade da própria alma que sente o vácuo, que se sente no vácuo, e que nele de si se enoja e se repudia.[80]

---

[79] *Livro do desassossego*, II, p. 22; grifo meu.
[80] *Ibid.*, p. 237. Uma variante: "Não é o tédio a doença do aborrecimento de nada ter que fazer, mas a doença maior de se sentir que não vale a pena fazer nada. E, sendo assim, quanto mais há que fazer, mais tédio há que sentir." (*Livro do desassossego*, II, p. 254) Duas imagens reforçam recorrentemente esse tom: "jazo a vida" e "tenho frio da vida". Vejam-se algumas passagens: "Jazo a minha vida. E nem sei fazer com o sonho o gesto de me erguer, tão até à alma estou despido de saber ter um esforço." "Jazo a vida. Nada de mim interrompe nada." "Jazo a minha vida. (As minhas sensações são um epitáfio, por demais extenso, sobre a minha vida morte.)" "Jazo a minha vida, consciente espectro de um paraíso em que nunca estive, cadáver-nado das minhas esperanças por haver." (*Livro do desassossego*, I, p. 176, 82, 96 e 250) "Tenho frio da vida. Tudo é caves húmidas e catacumbas sem luz na minha existência." (*Livro do desassossego*, I, p.110). O frio sozinho também é imagem recorrente: *Livro do desassossego*, I, p. 128, 170, 203, 209, 219, 220, e II, p. 54.

O cansaço da vida, dado pela inutilidade de se fazer qualquer coisa, seja nesse mundo, seja em outro, leva à *inatividade*, outra recorrência pós-moderna:

> A impossibilidade de agir foi sempre em mim uma moléstia (...). Fazer um gesto foi sempre, para o meu sentimento das coisas, uma perturbação (...). Por isso, a importância metafísica do mais pequeno gesto, cedo tomou um relevo atónito dentro de mim. Adquiri perante agir um escrúpulo de honestidade transcendental, que me inibe (...) de ter relações muito acentuadas com o mundo palpável.[81]

Como por exemplo:

> Dar a alguém os bons-dias por vezes intimida-me. Seca-se-me a voz, como se houvesse uma audácia estranha em ter essas palavras em voz alta. É uma espécie de pudor de existir – não tem outro nome![82]

Essa total inatividade tem relação com o desaparecimento do sujeito como agente de mudanças no tempo, também destacada acima como característica do pós-moderno. A questão aparece no romance de Robert Musil, como destaca Vianna: "Este conflito entre as exigências da atividade e as tentações da passividade é um dos pontos mais interessantes de *O homem sem qualidades*. Ulrich se deixa, na maior parte das vezes, moldar pelo que vai acontecendo, sem tomar uma decisão, sem tentar mudar o rumo das coisas."[83] Com efeito, a ação é nociva porque produz trajetórias e biografias – o avesso dessas "histórias sem vida" e "biografias sem fatos". Como diz Bernardo Soares:

> Sou uma ausência de saldo de mim mesmo (...). Dir-se-ia que a minha vida (...) é um dia de chuva lenta, em que tudo é *desacontecimento* e penumbra, privilégio vazio e razão esquecida.[84]

---

[81] *Livro do desassossego*, I, p. 162.
[82] *Livro do desassossego*, II, p. 242.
[83] Vianna, 1988, p. 66-67.
[84] *Livro do desassossego*, II, p. 53; grifo meu.

Em seu extremo, a inatividade beira a inexistência:

> Acontece-me às vezes, e sempre que acontece é quase de repente, surgir-me no meio das sensações um cansaço tão terrível da vida que não há sequer hipótese de acto com que dominá-lo. (...) É um cansaço que ambiciona, não o deixar de existir – o que pode ser ou pode não ser possível –, mas uma coisa muito mais horrorosa e profunda, *o deixar de sequer ter existido*, o que não há maneira de poder ser.[85]

Ou ainda:

> A vida é (...) um intervalo, um nexo, uma relação, mas uma relação entre o que passou, o que passará, intervalo morto entre a Morte e a Morte.[86]

Como o *Livro do desassossego* é também um livro sobre a criação literária – e veremos isso mais claramente adiante –, a ação também recebe o peso da "segunda mão" que freia a prolixidade estéril e, por isso, sempre limitará a "obra" – ou o "sonho", como é chamado o equivalente ao "espaço literário" de Blanchot:

> Agir é exilar-se. Toda acção é incompleta e imperfeita. O poema que eu sonho não tem falhas senão quando tento realizá-lo.[87]

Ou ainda:

> Releio lúcido, demoradamente, trecho a trecho, tudo quanto tenho escrito. E acho que tudo é nulo e mais valera que eu o não houvesse feito. *As coisas conseguidas, sejam impérios ou frases, têm, porque se conseguiram, aquela pior parte das coisas reais, que é o sabermos que são perecíveis.* (...) O que me dói é que não valeu a

---

[85] *Livro do desassossego*, II, p. 70; grifo meu.
[86] *Livro do desassossego*, I, p. 239.
[87] *Ibid.*, I, p. 147.

pena fazê-lo, e que o tempo que perdi no que fiz o não ganhei senão na ilusão, agora desfeita, de ter valido a pena fazê-lo. (...)
(...) Tudo quanto fazemos, na arte ou na vida, é a cópia imperfeita do que pensámos em fazer. (...)
Como invejo os que escrevem romances, que os começam e os fazem, e os acabam! Sei imaginá-los, capítulo a capítulo, por vezes com as frases do diálogo e as que estão entre o diálogo, mas não saberia dizer no papel esses sonhos de escrever.[88]

A polaridade entre sonho e ação implica a duplicação do eu:

> Cada um de nós é dois, e quando duas pessoas se encontram, se aproximam, se ligam, é raro que as quatro possam estar de acordo. O homem que sonha em cada homem que age, se tantas vezes se malquista com o homem que age, como não se malquistará com o homem que age e o homem que sonha no Outro.[89]

Da incongruência entre "sonho" e "ação" decorre portanto uma impossibilidade básica: é impossível exprimir-se. "Exprimir-se é sempre errar";[90] "Exprimir-se é dizer o que não sente."[91] Há passagens do *Livro do desassossego* que são como um diário, um caderno de notas, reflexões de um semipersonagem (e não há como saber onde acaba Pessoa e começam os semi-heterônimos Guedes e Soares) sobre a duplicação do eu na criação literária. O que pensamos ou sentimos é sempre uma tradução, a tal ponto que isto é o mesmo que "ser estrangeiro na própria alma, exilado nas próprias sensações".[92]

---

[88] *Livro do desassossego*, II, p. 72-73; grifos meus. Uma variante: "(...) eu mesmo, no pouco que escrevo, sou imperfeito também. Mais valera, pois, a obra completa, ainda que má, que em todo o caso é obra; ou a ausência de palavras, o silêncio inteiro da alma que se reconhece incapaz de agir." (*Livro do desassossego*, II, p. 71.) Corroborando a prolixidade estéril do "sonho", Pessoa explica, em carta de 1914 a João Lebre Lima, que publicara um *Livro do silêncio*: "(...) chama-se *Livro do desassossego*, por causa da inquietação e incerteza que é a sua nota predominante. (...) O que é em aparência um mero sonho, ou entressonho, narrado, é (...) uma *confissão sonhada da inutilidade e dolorosa fúria estéril de sonhar*." (Carta a João Lebre Lima de 3 de maio de 1914. *Livro do desassossego*, I, p. 60; grifo meu.)
[89] *Livro do desassossego*, I, p. 256.
[90] *Ibid.*, p. 224.
[91] *Ibid.*, p. 240.
[92] *Livro do desassossego*, II, p. 250.

Outro trecho precioso fala desse constante estranhamento, deixando claro que não há espaço para as noções de evolução e progresso:

> Ainda há dias sofri uma impressão espantosa com um breve escrito do meu passado. Lembro-me perfeitamente de que o meu escrúpulo, pelo menos relativo, pela linguagem data de há poucos anos. Encontrei numa gaveta um escrito meu, muito mais antigo, em que esse mesmo escrúpulo estava fortemente acentuado. *Não me compreendi no passado positivamente. Como avancei para o que já era? Como me conheci hoje o que me desconheci ontem? E tudo se me confunde num labirinto, onde, comigo, me extravio de mim.* (...)
>
> Meu Deus, meu Deus, a quem assisto? Quantos sou? Quem é eu? *O que é este intervalo que há entre mim e mim?*[93]

É formidável, porém, que esse personagem pós-moderno e esfacelado tenha também rompantes de "ilusão biográfica", se assim podemos chamar, demonstrando que pós-moderno e moderno são coetâneos:

> Pesa-me, realmente me pesa, como uma condenação a conhecer, *esta noção repentina da minha individualidade verdadeira*, desta que andou sempre viajando sonolentamente entre o que sente e o que vê.
>
> É tão difícil descrever o que se sente quando se sente que *realmente se existe, e que a alma é uma entidade real*, que não sei quais são as palavras humanas com que possa defini-lo. (...) sou

---

[93] *Livro do desassossego*, II, p. 61-62; grifos meus. O espanto continua: "Outra vez encontrei um trecho meu, escrito em francês, sobre o qual haviam passado já quinze anos. Nunca estive em França, nunca lidei de perto com franceses, nunca tive exercício, portanto, daquela língua, de que me houvesse desabituado. Leio hoje tanto francês como sempre li. Sou mais velho, sou mais prático de pensamento: deverei ter progredido. E esse trecho do meu passado longínquo tem uma segurança no uso do francês que eu hoje não possuo; o estilo é fluido, como hoje o não poderei ter naquele idioma (...). Como se explica isso? *A quem me substitui dentro de mim?* (...) há aqui outra coisa que não o mero decurso da personalidade entre as próprias margens: há o outro absoluto, *um ser alheio que foi meu*. (...) Outras vezes encontro trechos que me não lembro de ter escrito – o que é pouco para pasmar –, mas que nem me lembro de poder ter escrito – o que me apavora. Certas frases são de outra mentalidade. É como se encontrasse um retrato antigo (...) indiscutivelmente meu, pavorosamente eu." (*Livro do desassossego*, II, p. 62-63; grifos meus)

como um viajante que de repente se encontre numa vila estranha sem saber como ali chegou (...). Fui outro durante muito tempo (...) e acordo agora no meio da ponte, debruçado sobre o rio, e sabendo que *existo mais firmemente do que fui até aqui*. Mas a cidade é-me incógnita, as ruas novas, e o mal sem cura. Espero, pois, debruçado sobre a ponte, que me passe a verdade, e eu me restabeleça nulo e fictício, inteligente e natural.

Foi um momento, e já passou. (...) *Vi a verdade um momento*. Fui um momento, com consciência, *o que os grandes homens são com a vida*.[94]

"Projeto literário"

O *Livro do desassossego* é mais do que uma "autobiografia pós-moderna" que fala da destemporalização, da inatividade, da duplicidade do eu, da inexistência... Ele também contém, espalhados e em meio a outros fragmentos, trechos que constituem, a meu ver, a saída para o "cansaço da vida", para o impasse da oposição entre real e sonho. É como se Pessoa tivesse encarregado a Vicente Guedes e a Bernardo Soares não apenas de serem "pós-modernos", mas de experimentarem comunicar sua (de Pessoa) "teoria do literário", aproveitando-se do fato de escreverem quando o autônimo está cansado ou sonolento, estando suspensas suas qualidades de raciocínio e inibição.

Vejamos, então, em que consistiria esse "projeto literário". Além da oposição entre "sonho" e "ação", há vários trechos do *Livro do desassossego* em que aparece uma polarização entre "viver", de um lado, e "pensar", "escrever", "sonhar", de outro. A vida é sobrepujada pela arte:

> Há metáforas que são mais reais do que a gente que anda na rua. Há imagens nos recantos de livros que vivem mais nitidamente que muito homem e muita mulher. Há frases literárias que têm uma individualidade absolutamente humana. Passos de parágrafos meus há que me arrefecem de pavor, tão nitidamente

---

[94] *Livro do desassossego*, II, p. 60; grifos meus.

gente eu os sinto (...). Tenho escrito frases cujo som (...) é absolutamente o de uma coisa que ganhou exterioridade absoluta e alma inteiramente.[95]

Ou ainda:

A literatura, que é a arte casada com o pensamento, e *a realização sem a mácula da realidade*, parece-me ser o fim para que deveria tender todo o esforço humano (...). *Os campos são mais verdes no dizer-se do que no seu verdor*. As flores, se forem descritas com frases que as definam no ar da imaginação, terão cores de uma *permanência* que a vida celular não permite.
Mover-se é viver, *dizer-se é sobreviver*.[96]

É importante esclarecer que Pessoa-Soares distingue entre "dizer" e "falar". "Dizer" é algo criativo, que não obedece à gramática. Aquele que obedece à gramática, diz Soares, "não sabe pensar o que sente". Por exemplo: a gramática divide os verbos em transitivos e intransitivos, mas muitas vezes temos de convertê-los:

Se quiser dizer que existo, direi "Sou". Se quiser dizer que existo como alma separada, direi "Sou eu". Mas se quiser dizer que existo como entidade que a si mesma se dirige e forma, que exerce junto de si mesma a função divina de se criar, como hei-de empregar o verbo "ser" senão convertendo-o subitamente em transitivo? E então, triunfalmente, *antigramaticalmente supremo*, direi "Sou-me". Terei dito uma filosofia em duas palavras pequenas.[97]

---

[95] *Livro do desassossego*, I, p. 130.
[96] *Livro do desassossego*, II, p. 52; grifos meus.
[97] *Ibid.*, p. 95; grifos meus. Outro exemplo: "Suponhamos que vejo diante de nós uma rapariga de modos masculinos. Um ente humano vulgar dirá dela, 'Aquela rapariga parece um rapaz'. Um outro ente humano vulgar, já mais próximo da consciência de que falar é dizer, dirá dela, 'Aquela rapariga é um rapaz'. Outro ainda, igualmente consciente dos deveres da expressão, mas mais animado do afecto pela concisão, (...) dirá, 'Aquele rapaz'. Eu direi, 'Aquela rapaz', violando a mais elementar das regras da gramática, que manda que haja concordância de gênero (...). E terei dito bem; *terei falado em absoluto, fotograficamente, fora da chateza, da norma, da quotidianidade. Não terei falado: terei dito*" (Livro do desassossego, II, p. 95; grifos meus).

Compreende-se, portanto, que "dizer-se" é "sobreviver". Ou, como aparece em outra passagem, "dizer é renovar":

> Dizem que não há nada mais difícil do que definir em palavras uma espiral: é preciso, dizem, fazer no ar, com a mão sem literatura, o gesto, ascendentemente enrolado em ordem (...). Mas, desde que nos lembremos que *dizer é renovar*, definiremos sem dificuldade uma espiral: é um círculo que sobe sem nunca conseguir acabar-se. A maioria da gente, sei bem, não ousaria definir assim, porque supõe que definir é dizer o que os outros querem que se diga (...).
> Toda a literatura consiste num esforço para tornar a vida real. (...) *São intransmissíveis todas as impressões salvo se as tornamos literárias.* As crianças são muito literárias porque dizem como sentem e não como deve sentir quem sente segundo outra pessoa. Uma criança, que uma vez ouvi, disse, querendo dizer que estava à beira de chorar, não "Tenho vontade de chorar", que é como diria um adulto, (...) senão isto, "Tenho vontade de lágrimas". E esta frase, absolutamente literária (...), refere resolutamente a presença quente das lágrimas a romper das pálpebras consciente da amargura líquida. (...) Aquela criança pequena definiu bem a sua espiral.
> Dizer! Saber dizer! Saber existir pela voz escrita e a imagem intelectual! *Tudo isto é quanto a vida vale* (...).[98]

A literatura é, portanto, mais que a realidade. Enquanto a vida e a realidade são passageiras; a literatura fica. E é isso que vale! A questão principal, para Pessoa, é esta: no fingimento, o poeta cria sempre mais, sempre com outros olhos, outras possibilidades. Seu eu não é bastante, os outros também não, e há como que uma compulsão para escrever, para "se outrar". Talvez não seja por acaso que tal compulsão encontre no trabalho burocrático da correspondência comercial um sossego – ainda que fingido.[99] Bernardo Soares destaca, aliás, essa vantagem:

---

[98] *Livro do desassossego*, II, p. 135-136; grifos meus.
[99] O próprio Pessoa, em carta a Cortes-Rodrigues, ao indicar o novo endereço para onde o amigo poderia escrever, esclarece: "É o escritório onde *pseudotrabalho*, e é o lugar mais seguro para onde me escrever" (Carta a Armando Cortes-Rodrigues de 19 de novembro de 1914. *Obras em prosa*, p. 50).

Posso imaginar-me tudo, porque não sou nada. Se fosse alguma coisa, não poderia imaginar. O ajudante de guarda-livros pode sonhar-se imperador romano; o Rei de Inglaterra não o pode fazer, porque o Rei de Inglaterra está privado de ser, em sonhos, outro rei que não o rei que é.[100]

Octavio Paz observa com razão que se poderia reduzir a história de Pessoa ao "ir e vir entre a irrealidade de sua vida cotidiana e a realidade de suas ficções". Seus textos falam de uma necessidade premente de escrever – necessidade essa, justamente, que diferencia, segundo Paz, um escritor verdadeiro daquele que só tem talento.[101]

Há várias passagens no *Livro do desassossego* que confirmam a superioridade da arte, da literatura, sobre a vida. "Narrar é criar, viver é apenas ser vivido"[102] – essa é a ideia principal.[103] Antonio Tabucchi também sublinha essa questão central para Pessoa:

> O que originalmente era uma minúscula semente na psique do pequeno Pessoa, transformou-se, no poeta Fernando Pessoa, no soberbo pecado da inteligência – na renúncia perversa à realidade, para possuir a essência da realidade. (...) Pessoa tornou-se o mais sublime poeta moderno do avesso, da ausência e da negatividade.[104]

E o próprio Pessoa-Soares explica: não é que ele fuja da vida pelo sonho; ao contrário, está sendo claramente objetivo ao tornar a realidade mais real:

---

[100] *Livro do desassossego*, II, p. 77. Uma variante: "Devo ao ser guarda-livros grande parte do que posso sentir e pensar como a negação e a fuga do cargo" (*Livro do desassossego*, II, p. 146).
[101] Paz, 1961, p. 85 e 88.
[102] *Livro do desassossego*, II, p. 173. Uma variante: "Em todos os teus actos da vida real, desde o de nascer até o de morrer, tu não ages: és agido; tu não vives: és vivido apenas" (*Livro do desassossego*, I, p. 81).
[103] Se a literatura é a "solução" para o cansaço da vida, o tédio, o desassossego, é porque ela exime o poeta de agir fora dela: "Esta hora poderia eu bem solenizá-la comprando bananas, pois me parece que nestas se projectou todo o sol do dia (...). Mas tenho vergonha dos rituais, dos símbolos, de comprar coisas na rua. Podiam não me embrulhar bem as bananas, não mas vender como devem ser vendidas por eu as não saber comprar como devem ser compradas. Podiam estranhar a minha voz ao perguntar o preço. *Mais vale escrever do que ousar viver*, ainda que viver não seja mais que comprar bananas ao sol (...). Mais tarde, talvez... Sim, mais tarde... Um outro, talvez... Não sei..." (*Livro do desassossego*, II, p. 170; grifo meu).
[104] Tabucchi, 1992.

Repare-se que a minha objectividade é absoluta, a mais absoluta de todas. Eu crio o objecto absoluto, com qualidades de absoluto no seu concreto. Eu não fugi à vida propriamente, no sentido de procurar para a minha alma uma cama mais suave, apenas mudei de vida e encontrei nos meus sonhos a mesma objectividade que encontrava na vida.[105]

E para isso há uma técnica bastante precisa: coar as sensações pela inteligência através do fingimento exacerbado, estagná-las, de modo a tornar o irreal eterno. Em pelo menos dois trechos do *Livro do desassossego*, são dadas instruções detalhadas "para quem faz do sonho a vida". É preciso "sentir as coisas mínimas extraordinária e desmedidamente" – gozar em excesso e sofrer em prolixidade. Por exemplo: saborear uma chávena de chá com a volúpia extrema que o homem normal só encontra nas grandes alegrias. Além disso, educar-se para sentir falsamente a dor: analisar a dor exageradamente, acostumar-se a encarregar um outro eu de sentir dor e dar às angústias e aos sofrimentos uma intensidade tal que tragam prazer do excesso.

Quando uma dor é analisada até à secura, colocada num eu exterior até à tirania, e enterrada em mim até ao auge de ser dor, então verdadeiramente *eu me sinto o triunfador e o herói. Então me para a vida, e a arte se me roja aos pés.*[106]

Por último, é necessário

Passar a sensação imediatamente através da inteligência pura, coá-la pela análise superior, para que ela se esculpa em forma literária e tome vulto e relevo próprio. Então eu fixei-a de todo. *Então eu tornei o irreal real e dei ao inatingível um pedestal eterno.* Então fui eu, dentro de mim, coroado Imperador.[107]

---

[105] *Livro do desassossego*, I, p. 98-99.
[106] *Ibid.*, p. 133; grifo meu.
[107] *Ibid.*

E a instrução termina com uma explicação, que bem poderia ser do próprio Fernando Pessoa:

> Porque não acrediteis que eu escrevo para publicar, nem para escrever nem para fazer arte, mesmo. Escrevo, porque esse é o fim, o requinte supremo, o requinte temperamentalmente ilógico (...), da minha cultura de estados de alma. Se pego numa sensação minha e a desfio (...) o faço (...) para que dê completa exterioridade ao que é interior, para que assim *realize o irrealizável*, conjugue o contraditório e, tornando o sonho exterior, lhe dê o seu máximo poder de puro sonho, *estagnador de vida que sou* (...).[108]

O ajudante de guarda-livros sem biografia, fatos e ações, torna-se, nessas passagens, um escritor no mais radical sentido: Imperador, Deus, estagnador de vida, realizador do irrealizável, despersonalizador... É difícil não tentar reconhecer, nessas instruções, explicações do próprio Pessoa.[109] Como não se lembrar da primeira estrofe de *Autopsicografia* – "O poeta é um fingidor / Finge tão completamente / Que chega a fingir que é dor / A dor que deveras sente."?[110]

Os passos do fingimento são a possibilidade de coar as sensações pela inteligência e tornar o irreal real. "A arte é a expressão intelectual da emoção"[111]. Como não poderia deixar de ser, isso incide mais uma vez sobre a impossível unidade do eu:

> Tornei-me uma figura de livro, uma vida lida. O que sinto é (sem que eu queira) sentido para se escrever que se sentiu. *O que penso*

---

[108] *Livro do desassossego*, I, p. 134; grifos meus. Outro trecho do *Livro do desassossego* apresenta instruções semelhantes, chegando a um grau máximo de despersonalização, no qual "Deus sou eu" (*Livro do desassossego*, I, p. 169).
[109] Veja-se também esta passagem: "De tal modo me desvesti do meu próprio ser, que existir é vestir-me. Só disfarçado é que sou eu" (*Livro do desassossego*, II, p. 257).
[110] *Autopsicografia* foi escrito em abril de 1931. *Obra poética*, p.164. Veja-se ainda o seguinte trecho do *Livro do desassossego*: "Ah, não é verdade que a vida seja dolorosa, ou que seja doloroso pensar na vida. O que é verdade é que a nossa dor só é séria e grave quando a fingimos tal" (*Livro do desassossego*, II, p. 249).
[111] *Ibid.*, p. 105.

está logo em palavras (...). De tanto recompor-me destruí-me. De tanto pensar-me, sou já meus pensamentos mas não eu. (...) E assim, em imagens sucessivas em que me descrevo – não sem verdade, mas com mentiras –, vou ficando mais nas imagens do que em mim, *dizendo-me até não ser* (...).[112]

"Expressar-se" passa a ser então "feito já para ser lido". Isso se aplica, por exemplo, ao tema da saudade da infância:

Não tenho saudades senão literariamente. Lembro a minha infância com lágrimas, mas *são lágrimas rítmicas, onde já se prepara a prosa.* (...) É de quadros que tenho saudades. Por isso, tanto me enternece a minha infância como a de outrem: são ambas, no passado que não sei o que é, fenómenos puramente visuais, que *sinto com a atenção literária.*[113]

A literatura não nos livra da expressão sempre errante de nós mesmos. Mas nem ela quer isso nem o sonhador quer: "na arte não há desilusão porque a ilusão foi admitida desde o princípio".[114] É nessa ilusão admitida, nessa "dimensão literária", que Pessoa-Soares decide instalar-se – irrealizar-se para não "ser vivido". Escreve não para publicar, mas para estagnar a vida, tornar o irreal real. "A arte tem valia porque nos tira daqui."[115]

Se podemos ver nessas passagens explicações de Pessoa ele mesmo sobre a criação literária, nada nos autoriza a reduzir as produções de Pessoa (e seus heterônimos) a essas explicações. Trata-se, como tudo nessa pluralidade de possíveis, de *um* ponto de vista. A produção e a publicação de *Mensagem* e de seus escritos sociopolíticos, por exemplo, pode ter seguido outros desígnios.

---

[112] *Livro do desassossego*, II, p. 180. Uma variante: "Se penso, o pensamento surge-me no próprio espírito com frases, secas e rítmicas, e eu não distingo nunca bem se penso antes de o dizer, se depois de me ver a tê-lo dito e, se por mim sonhado, há palavras logo em mim" (*Livro do desassossego*, II, p. 141).
[113] *Ibid.*, II, p. 187-188; grifos meus.
[114] *Livro do desassossego*, I, p. 243.
[115] *Livro do desassossego*, II, p. 156.

IV.

Afirmei antes que o projeto de Pessoa não podia ser um projeto individual *stricto sensu*. Chamei-o de projeto *literário* porque a literatura é a única dimensão onde a ação é possível: tornar real o irreal; pensar e sentir (já em palavras, já para ser lido). Chamei-o de *projeto* porque é essa a única dimensão que importa para Pessoa; nela encontra-se sua "explicação central" e é para ela que ele "vive", ou melhor, ela o livra de "ser vivido". Nela, finalmente, Pessoa se apaga como sujeito e passa a ser só literatura. Nela encontra sossego: não precisa correr atrás de traduzir o intransmissível, não precisa opor o homem de ação ao sonhador. Basta deixar surgirem todos os possíveis, fazer fluir sua despersonalização dramática. Basta "ser-se": existir como entidade "que exerce junto de si mesma a função divina de se criar". Esta entidade é a que efetivamente *realiza* (torna o irreal real), não importando mais o que Pessoa é na "vida real". Por isso, publicar torna-se secundário – o projeto de Pessoa mora alhures.

Cabe observar que os temas da ausência de sujeito e da irrealização operada pelo fingimento são recorrentes no campo da teoria da literatura.[116] Nesse sentido, Pessoa não é de modo algum extemporâneo. O que o torna especial é provavelmente o fato de ter levado ambas as premências até as últimas consequências, deixando de ser efetivamente uma pessoa.

---

[116] Alguns autores concentram nesses temas a definição mesma do que é literatura. Luiz Costa Lima considera o discurso literário semelhante aos discursos mítico e onírico, porque ele aproxima significado e significante através de mecanismos de deslocamento e condensação dados principalmente pelo fingimento, que traz "à consciência da letra" o que estivera inconsciente até para o escritor. Assim, o poeta "faz a linguagem falar o que ele próprio não fala", anulando-se como sujeito (Lima, 1975, p. 33; ver também p. 304). Para Blanchot, também, o escritor apaga-se como sujeito, porque a palavra poética não é mais palavra de uma pessoa; nela, ninguém fala, é somente a palavra que se fala (Blanchot, 1955, p. 38). Wolfgang Iser considera que a criação de ficção se caracteriza por transformar o imaginário, através dos "atos de fingir", de inicialmente difuso na imaginação do escritor, em determinado, "irrealizando-o" (Iser, 1983). E Costa Lima caminha na mesma direção, apontando para a "irrealização" de outra coisa operada pelo imaginário, inclusive no que diz respeito à movência do eu: "a imaginação permite ao eu irrealizar-se enquanto sujeito" (Lima, 1986, p. 238). Para um aprofundamento dessas questões, ver Alberti, 1991 e 1992.

Referências bibliográficas

Alberti, Verena - 1991 - "Literatura e autobiografia: a questão do sujeito na narrativa". *Estudos Históricos*. Rio de Janeiro, CPDOC-FGV, v. 4, n. 7, p. 66-81 (disponível para *download* em www.cpdoc.fgv.br).

_____ - 1992 - "No giro do caleidoscópio: a questão da identidade na criação literária". *Antropologia Social. Comunicações do PPGAS*. Rio de Janeiro, Programa de Pós-Graduação em Antropologia Social, Museu Nacional, Universidade Federal do Rio de Janeiro, n. 1, abr. 1992, p. 33-66.

Blanchot, Maurice - 1955 - *L'espace littéraire*. Paris, Gallimard.

Bourdieu, Pierre - 1996 [1986] - "A ilusão biográfica", in: Ferreira, Marieta de Moraes & Amado, Janaína (orgs.). *Usos & abusos da história oral*. Rio de Janeiro, FGV, p. 183-191 (originalmente publicado em *Actes de la Recherche en Sciences Sociales*, 1986).

Castro, Eduardo Viveiros de & Araújo, Ricardo Benzaquen de - 1977 - "Romeu e Julieta e a origem do Estado", in: Velho, Gilberto (org.). *Arte e sociedade*: ensaios de sociologia da arte. Rio de Janeiro, Zahar Editores, p. 130-169.

Duarte, Luiz Fernando - 1983 - "Três ensaios sobre pessoa e modernidade", *Boletim do Museu Nacional*. Nova Série. Antropologia. Rio de Janeiro, n. 41.

Europe. Revue Littéraire Mensuelle - 1988 - Paris, Europe e Messidor, ano 66, n. 710-711, jun.-jul. 1988 (número consagrado a Fernando Pessoa).

Gumbrecht, Hans Ulrich - s/d - "Cascades of modernization". Texto de leitura para o curso "Pós-histórico e pós-hermenêutico", ministrado em maio de 1996, no Programa de Pós-Graduação em História Social da Cultura da Pontifícia Universidade Católica do Rio de Janeiro (datil.).

Günter, Georges - 1971 - *Das fremde Ich: Fernando Pessoa*. Berlim, Walter de Gruyter & Co.

Iser, Wolfgang - 1983 - "Os atos de fingir ou o que é fictício no texto ficcional", in: Lima, Luiz Costa (org.). *Teoria da literatura em suas fontes*. 2ª ed. rev. e ampl., Rio de Janeiro, Francisco Alves, v. 2, p. 384-416.

Lejeune, Philippe - 1980 - *Je est un autre*: l'autobiographie, de la littérature aux médias. Paris, Seuil.

Lima, Luiz Costa - 1975 - "O labirinto e a esfinge" e "A análise sociológica", in: Lima, Luiz Costa (org.). *Teoria da literatura em suas fontes*, Rio de Janeiro, Francisco Alves.

_____ - 1986 - *Sociedade e discurso ficcional*. Rio de Janeiro, Guanabara.

Paz, Octavio - 1961 - "Fernando Pessoa - Der sich selbst Unbekannte", in: Pessoa, Fernando. *"Algebra der Geheimnisse". Ein Lesebuch*. Com contribuições de Georg R. Lind, Octavio Paz, Peter Hamm e Georges Güntert. Zurique, Amman, 1986, p. 85-115.

Pessoa, Fernando - 1976 - *Obras em prosa*. Rio de Janeiro, Nova Aguilar.

_____ - 1977 - *Obra poética*. Rio de Janeiro, Nova Aguilar.

_____ - 1979 - *Poemas dramáticos de Fernando Pessoa*. Lisboa, Ática, v. 1 ("Para servir de introdução", p. 21-30).

_____ - *Livro do desassossego*. Leitura, fixação de inéditos, organização e notas de Teresa Sobral Cunha. Lisboa, Editorial Presença, 1990 (volume I) e 1991 (volume II).

Seabra, José Augusto - 1984 - "Fernando Pessoa, un poète pluriel" *Europe. Revue Littéraire Mensuelle*. Paris, Europe e Messidor, ano 62, n. 660, abr., p. 41-54.

Simmel, Georg - 1989 - *Philosophie de la modernité*. Prefácio e tradução de Jean-Louis Veillard-Baron. Paris, Payot (reunião de escritos diversos de Simmel).

Tabucchi, Antonio - 1992 - *Wer war Fernando Pessoa?* Trad. do italiano por K. Fleischanderl. Munique & Viena, Carl Hanser.

Velho, Gilberto - 1981 - *Individualismo e cultura*: notas para uma antropologia da sociedade contemporânea. Rio de Janeiro, Zahar Editores.

Vianna, Hermano - 1988 - "Robert Musil: as qualidades do homem moderno", in: Velho, Gilberto (org.). Antropologia e literatura: a questão da modernidade. *Comunicação n° 12* do Programa de Pós-Graduação em Antropologia Social, Museu Nacional, Universidade Federal do Rio de Janeiro, p. 57-84.

Vilhena, Luís Rodolfo da Paixão - 1988 - "Thomas Mann e a ambiguidade do moderno", in: Velho, Gilberto (org.). Antropologia e literatura: a questão da modernidade. *Comunicação n°12* do Programa de Pós-Graduação em Antropologia Social, Museu Nacional, Universidade Federal do Rio de Janeiro, p. 5-53.

Este livro foi impresso nas oficinas gráficas da Editora Vozes Ltda.,
Rua Frei Luís, 100 – Petrópolis, RJ.